中国高等教育学会高等教育学优秀博士学位论文丛书

高校毕业生
求职途径的实证研究

GAOXIAO BIYESHENG
QIUZHI TUJING DE SHIZHENG YANJIU

程　飞⊙著

广东高等教育出版社
Guangdong Higher Education Press
·广州·

图书在版编目（CIP）数据

高校毕业生求职途径的实证研究/程飞著．—广州：广东高等教育出版社，2018.2

（中国高等教育学会高等教育学优秀博士学位论文丛书）

ISBN 978-7-5361-6059-0

Ⅰ．①高… Ⅱ．①程… Ⅲ．①大学生-职业选择-研究 Ⅳ．①G647.38

中国版本图书馆 CIP 数据核字（2017）第 263146 号

出版发行	广东高等教育出版社 地址：广州市天河区林和西横路 邮政编码：510500 电话：（020）85250745 http://www.gdgjs.com.cn
印　　刷	佛山市浩文彩色印刷有限公司
开　　本	787 毫米×1 092 毫米 1/16
印　　张	11.5
字　　数	210 千字
版　　次	2018 年 2 月第 1 版
印　　次	2018 年 2 月第 1 次印刷
定　　价	35.00 元

摘 要

高校毕业生就业问题是当前社会各界的关注焦点，而高等教育与劳动力市场的联系也由就业环节来实现，因此对高校毕业生进入劳动力市场时所采用的求职途径进行研究，是了解就业问题的重要方向，对解释和分析高等教育和劳动力市场的规律及二者关系的探讨具有重要意义。由北京大学教育学院实施的“全国高校毕业生就业状况调查”数据显示，近年来高校毕业生对求职途径的选择发生了明显的改变。本研究在人力资本理论、社会资本理论、企业绩效理论、社会网络理论、市场分割理论和社会分层理论基础上，利用调查数据，使用定量分析方法，对高校毕业生的求职途径进行实证分析。从求职途径选择的决策入手，分析毕业生人力资本和家庭背景对求职途径选择的影响；进而探讨求职途径对求职结果的作用，包括工作机会获得率、起薪和单位性质，分别代表高校毕业生在劳动力市场的被接纳程度、初始经济待遇及工作稳定性和福利保障。最后，本研究从职业代际传递的视角，分析父辈职业资源向子女进行传递的具体机制中亲友途径发挥的作用。主要结论如下：

第一，人力资本水平低、家庭背景好的高校毕业生，更倾向于使用亲友途径就业；对家庭背景水平较高的高校毕业生来说，提高学历不能使其放弃对亲友途径的依赖。

第二，在求职过程中，高校毕业生使用亲友途径的强度越大，工作机会获得率越高，越能更快地找到工作；确定单位以后，其他条件相同的情况下，使用亲友途径就业的高校毕业生比使用正式途径就业的高校毕业生起薪更低；但是使用亲友途径就业的高校毕业生更可能进入体制内单位就业。

第三，亲友途径在职业代际传递过程中发挥调节效应，与使用正式途径就业相比，使用亲友途径就业的高校毕业生能够更加强烈和顺利地继承父辈职业的资源和影响。

在研究结论的基础上，本研究建议，政府和高校应提高正式求职途径的有效性，减少信息不匹配情况和摩擦性失业情况的发生；强化大学生职业技能的培养，同时为在校大学生提供更多的实习实践机会；进一步加强高校毕业生劳动力市场的规范性。本研究对求职途径和结果的分类和度量具有总结性和创新性，为该领域的进一步研究提供借鉴，并建立了高校毕业生同时间段通过多种途径进行工作找寻的理论分析框架，帮助形成对我国高层次人才求职环境和就业生态的更加深入的认知。

关键词：求职途径　人力资本　家庭背景　求职结果

Abstract

The employment problem of college graduates is the focus of attention from all walks of life. The relationship between university education and the labor market can also be achieved through the students' job search method. Therefore, it is an important direction to understand the employment problem when the university graduates enter the labor market. And it is also significant to explain and analyze the law of higher education and the labor market and the relationship between the two. As demonstrated by data from the "National Survey on the Employment Situation for College Graduates" conducted by the Peking University Graduate School of Education, the choice of job-search methods used by college graduates has changed rapidly in recent years. On the basis of human capital theory, social capital theory, enterprise performance theory, social networking theory, market segmentation theory, and social stratification theory, this research uses survey data and quantitative methods to undertake an empirical analysis of college graduates' job-search methods. The study begins by examining the effect of graduates' human capital and family background on the choice of job-search method. The study then proceeds to examine the impact of the choice of method on job-search outcomes, including the rate of job offers, starting salaries, and type of work unit, which serve as proxies for graduates' degree of acceptance into the labor market, initial economic status, and employment stability and protection. From the perspective of intergenerational transmission, this study analyzes the role played by relatives and friends channels in the specific mechanism for transferring their parents' resources to their children. The main conclusions of the study are as follows:

First, graduates with low levels of human capital but advantageous family backgrounds tend to seek employment through personal and family connections. For graduates with a better family background, improving their education does not allow them to abandon their use of relatives and friends.

Second, graduates who rely on informal job-search methods have an easier time securing employment, although their starting salaries tend to be lower than their counterparts who found jobs through formal channels. Setting aside the question of economic returns, graduates who rely on informal job-search methods to find employment are more likely to enter "state-affiliated" work units, regardless of whether they are seeking employment in their hometown or elsewhere.

Third, informal job-search methods serve to facilitate and reinforce the process of intergenerational career transfer. Compared to the use of formal job-search methods, the use of informal methods serves to enhance the transfer of professional resources from parents to children. Intergenerational transfer is nearly two times stronger among graduates using informal methods rather than formal methods.

This research leads to a number of recommendations for actors involved in the job-search. Government and colleges should improve the effectiveness of the formal job-searching methods to alleviate information asymmetry and reduce frictional unemployment. Colleges and universities should provide more opportunities of internship and practice to improve students' vocational skills. The government should strengthen the standardization of the labor market for college graduates. This study summarized and innovated the classification and measurement of job-searching methods and outcomes to provide reference to further research in this field. It established a theoretical analysis framework to study multi-methods job search behavior. It helped to understand the employment environment of high-level talents.

Keywords: job-search methods, human capital, family background, job-search

目　录

第一章 导 论

一、研究背景

从1999年起，我国连续扩大高等教育招生规模，使高等教育发展进入一个新阶段。根据国家统计局和教育部公布的数据，2003年全国高校毕业生为199万人，2005年、2007年、2009年和2011年的毕业生数量分别为326万人、479万人、568万人和651万人①，《教育部关于做好2013年全国普通高等学校毕业生就业工作的通知》（教学〔2012〕11号）文件中显示，“2013年，全国普通高校毕业生规模达到699万人，比2012年增加19万人，高校毕业生就业形势更加复杂严峻，工作任务更加艰巨繁重。”② 国务院总理李克强在2014年《政府工作报告》中提出，“今年高校毕业生将达727万人，要开发更多就业岗位，实施不间断的就业创业服务，提高大学生就业创业比例。”③ 教育部、人力资源和社会保障部等公布的数据显示，全国普通高校毕业生人数在10年间翻了一番还要多。

虽然经济发展对人才需求数量越来越大，但大学毕业生的就业压力仍然愈渐增大，使得高校毕业生的就业问题成为备受瞩目的社会热点问题。由北京大学教育学院实施的“全国高校毕业生就业状况调查”数据显示，2003年高校毕业生的初次就业率为61.6%，之后几年的高校毕业生初次就业率都

---

① 2003年至2012年高校毕业生规模的数据来源：中华人民共和国国家统计局，教育类统计数据，http://data.stats.gov.cn/workspace/index?m=hgnd。

② 2013年高校毕业生规模的数据来源：《教育部关于做好2013年全国普通高等学校毕业生就业工作的通知》，http://www.moe.gov.cn/publicfiles/business/htmlfiles/moe/s7020/201211/xxgk_144771.html。

③ 2014年高校毕业生规模的数据来源：http://www.china.com.cn/news/2014lianghui/2014-03/05/content_31678795_8.htm。

在70%上下波动，到2013年，高校毕业生的初次就业率为71.9%①，与699万人的高校毕业生规模相比，2013年全国约有196万高校毕业生处于待就业状态。如图1－1所示。

在《国家中长期教育改革和发展规划纲要（2010—2020年）》和《国务院关于进一步做好普通高等学校毕业生就业工作的通知》（国发〔2011〕16号）的文件指导下，促进高校毕业生就业、推动高等教育内涵式发展、加大工作和政策力度、积极拓展就业领域以及加强就业指导服务等工作被摆在了更加突出的重要位置。国务院总理李克强也在2014年《政府工作报告》中再次强调“就业是民生之本”。

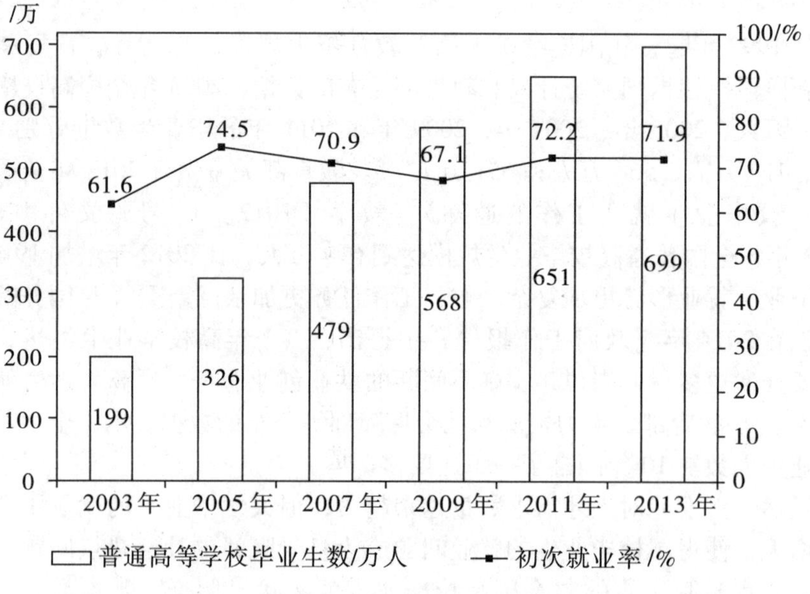

图1－1　2003年至2013年我国高校毕业生人数和初次就业率

（数据来源：中华人民共和国国家统计局，教育类统计数据，http://data.stats.gov.cn/workspace/index?m=hgnd.）

新闻媒体中也多见到高校毕业生就业压力过大的评述和讨论，“找一个好工作”成为高校毕业生及其家庭在毕业之际的头等大事。许多学者也针对大学生就业难的问题进行分析，目前的分析视角和态度主要有以下几种：第

① 本研究中“初次就业率”的定义为：已确定毕业去向的毕业生数量在全体高校毕业生中所占的比例。“已确定毕业去向”包括：已确定单位、升学（国内）、出国/出境、自由职业、自主创业和其他灵活就业。高校毕业生初次就业率数据来源：北京大学教育学院“全国高校毕业生就业状况调查”。

一，从高校毕业生的总体规模上看，在扩大招生政策颁布和实施之后，高等教育的规模以及高校毕业生的总量超过了我国经济发展水平的要求，从而造成了高校毕业生总量供大于求，劳动力市场无法消化高校毕业生的情况，因此应当放慢高等教育的发展速度，以缓解日益严重的供需矛盾（王效仿，2004）。第二，从劳动力市场的实际情况来看，岳昌君和丁小浩（2003，2004）计算了20世纪90年代我国经济增长情况下的一般就业弹性和高校毕业生就业弹性，研究发现经济增长对高校毕业生的吸纳能力并不大，而产业结构的调整对高校毕业生的吸纳作用却相对更加明显。岳昌君（2004）指出，我国的商品市场和包括劳动力在内的要素市场是在改革开放后由计划经济向社会主义市场经济转型的过程中逐步建立和完善的，而高等教育的招生和就业政策，在1988年才由过去的“统招统分”开始向“双向选择”尝试转变，该政策在1997年全面实行，因此对于高校毕业生这一特殊的劳动力群体，其就业市场的形成和发展最为缓慢。第三，从现有体制对就业的影响进行分析，赖德胜（2001）从劳动力市场分割的视角分析，认为现有的户口制度等体制障碍阻碍了高校毕业生的流动，是造成毕业生就业率不高的主要原因之一。第四，从高等教育的内容和质量进行分析，认为包括专业结构和教育质量等高等教育的产出与社会的需求不一致（莫荣和刘军，2003）。第五，从高校毕业生的就业观念进行分析，我国的高等教育已从精英教育过渡到大众教育，求职模式发生了重大改变，在雇佣双方需要进行“双向选择”的劳动力市场中，买方市场特性愈加明显，而一部分大学生的思想观念未能顺利转变，滞后于社会就业形势的发展，造成了一定的“摩擦性失业”状况。李晓波（2004）认为，社会中的精英岗位有限，大学毕业生的数量却逐年增加，然而很多大学生不愿到基层岗位工作，产生了“有业不就”的现象，或者毕业生的预期收入高于市场真实水平，这也会形成毕业生期望与现实的不匹配所造成的失业。

总而言之，高校毕业生就业难的主要原因在于高等教育产出与劳动力市场需求的不匹配，包括高等教育的规模、结构和内容，与劳动力市场的实际情况不相适应。

二、研究问题

为了成功地获得工作机会，求职者需要使用一定形式的求职方法并投入一定程度的求职努力。奥斯伯格（Lars Osberg，1993）将工作搜寻行为比喻成捕鱼活动。钓鱼者在捕鱼之前要选择合理的地点和诱饵以钓到更大的鱼，求职者也需要使用一定的策略。求职者在寻找工作的过程中，其选择的具体策略和做法，会从三个方面影响双向选择的结果。第一，求职者需要收集关于岗位、职责和薪水分布情况的具体信息，这些信息是求职者进行择业的基础，他们在此基础上进行分析与评估，考察自己与岗位的匹配情况，展望未来的发展前景，以确定是否进一步发出求职申请以及是否接受工作机会。因此，关于工作岗位的信息的质量和实效性都会直接影响到求职者的就业前景，搜集这些信息是求职者求职应聘前的基本准备，求职者需要通过各种求职途径获取充分的信息。第二，往往会有众多求职者同时期应征一个工作岗位，因此，求职者需要通过一定的途径向用人单位传递求职意愿和自身能力的信息，说明自己适合并能够胜任这份工作，以说服雇主聘用自己。前两方面的信息互递，决定了雇佣双方对于求职者与岗位要求的匹配度的认识。第三，在现实中，求职者为了获取理想的工作，也会利用自己的“影响力”，以提高求职成功的可能性。

如图 1－2 所示。求职环节中，雇佣双方的博弈与互动会影响最终的谈判结果。从求职者的角度讲，其个人的各方面能力与特征，以及其家庭和社会关系，是其进行求职的基础资本；而最终的求职结果也会被求职环节中个人的具体行为和策略所影响，包括求职行为、途径的选择、付出的努力、投入的时间以及外界协助等因素。然而，在劳动力市场中始终存在信息不对称的问题，在求职者和雇主进行双向选择的求职环节中，雇主对求职者的真实劳动生产力信息，以及求职者对单位和岗位的信息，均无法充分掌握。无论雇主还是求职者都会面临信息不对称问题所带来的困扰，影响了双方匹配的效果和效率，也影响获得工作机会的概率，进一步影响了包括薪酬水平和职业在内的求职结果。

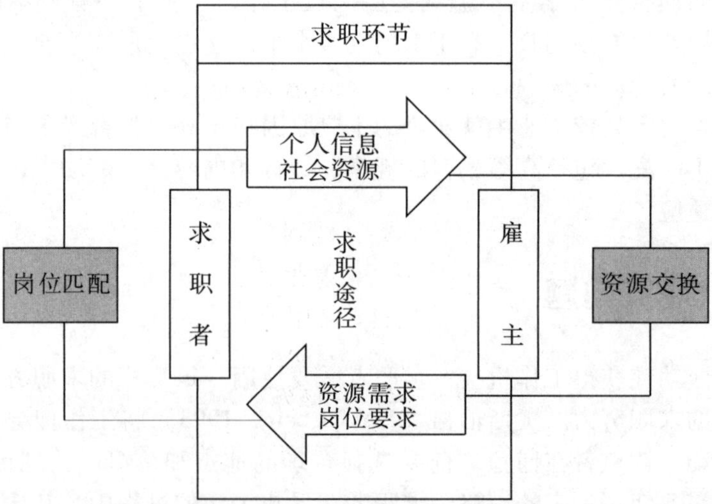

图 1－2　求职环节中雇佣双方双向选择简图

由于求职者和雇主存在各方面的信息不对称，为了做出最佳的判断与选择，理性的求职者会在劳动力市场中进行一段时间的工作搜寻，直至找到满意的工作为止。求职者的工作搜寻行为需要花费成本，既包括求职者支付的交通费、电话费和简历制作费等直接成本，也包括求职者因为寻访活动而放弃的其他收益所构成的间接成本，即机会成本。在工作搜寻阶段，求职者寻访的企业越多，其找到高工资的工作的可能性也越大，但这也意味着求职者将支付更高的搜寻成本。因此，求职者在停止工作找寻之前，应该花费多长时间并寻访多少个岗位才是划算的，应该使用何种求职途径才是有效的，以及如何使用外部协助以达到效用最大化，都是值得研究者深入探讨的话题。如图 1－3 所示。

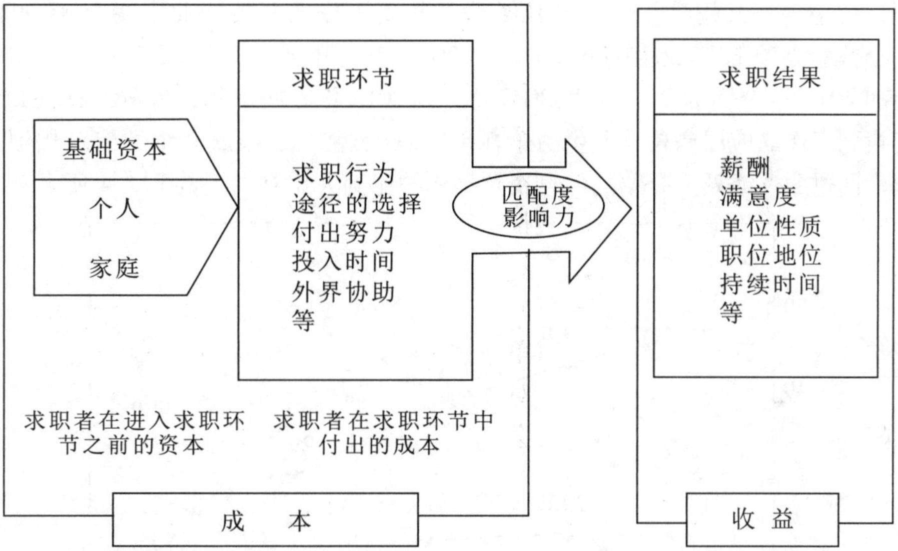

图 1－3　求职过程中的成本和收益

（一）求职途径的选择和使用

高校毕业生求职与用人单位聘用高校毕业生是一个互动的过程，在此过程中，高校毕业生需要通过各种途径获得就业信息，并需要通过一定的渠道向用人单位发出求职申请并传递个人信息，常用的求职途径包括学校（院系）就业指导中心、人才洽谈会、广告、网络以及父母亲戚、朋友熟人等。

近年来，高校毕业生对求职途径的选择发生了改变。由北京大学教育学院实施的“全国高校毕业生就业状况调查”数据显示，虽然中央和地方政府不断鼓励高校加强就业服务工作，但是高校毕业生通过学校（院系）就业指导中心获取工作信息并最终得以获聘的比例却有下降趋势，从 2005 年的 47.3% 下降至 2007 年的 43.0%，该比例到 2011 年骤降至 29.7%，到 2013 年有所回升，为 34.0%，但仍未达到 40.0% 以上。可见，高校毕业生在就业时对学校（院系）就业指导中心的依赖在近年来呈现下降趋势，从 2005 年的接近一半的比例下降到 2013 年的 1/3 左右；与此同时，通过人才洽谈会以及新闻零散广告获得信息并应聘成功的高校毕业生比例也逐年下降，分别从 2005 年的 16.4% 和 5.7% 下降至 2013 年的 4.7% 和 1.3%；与此相反，通过网络招聘渠道获得信息而应聘成功的高校毕业生比例从 2005 年的 4.5% 升高至 2011 年的 19.6%，该值在 2013 年为 27.0%；值得注意的是，通过父母亲戚、朋友熟人等非正式的社会亲友关系途径获取信息的高校毕业生比例，也呈现上升趋势，通过这几类途径找到工作的高校毕业生在 2005 年仅占全体就业高校毕业生的 6.2%，到 2007 年上升至 22.6%，该比例在 2009 年和 2011 年分别为 21.8% 和 20.7%，到 2013 年有所下降，为 16.9%；2013 年找到工作的应届高校毕业生中，有 8.8% 通过父母、亲戚介绍的信息找到工作，通过朋友或熟人介绍的信息找到工作的比例为 8.1%。如图 1-4 所示。

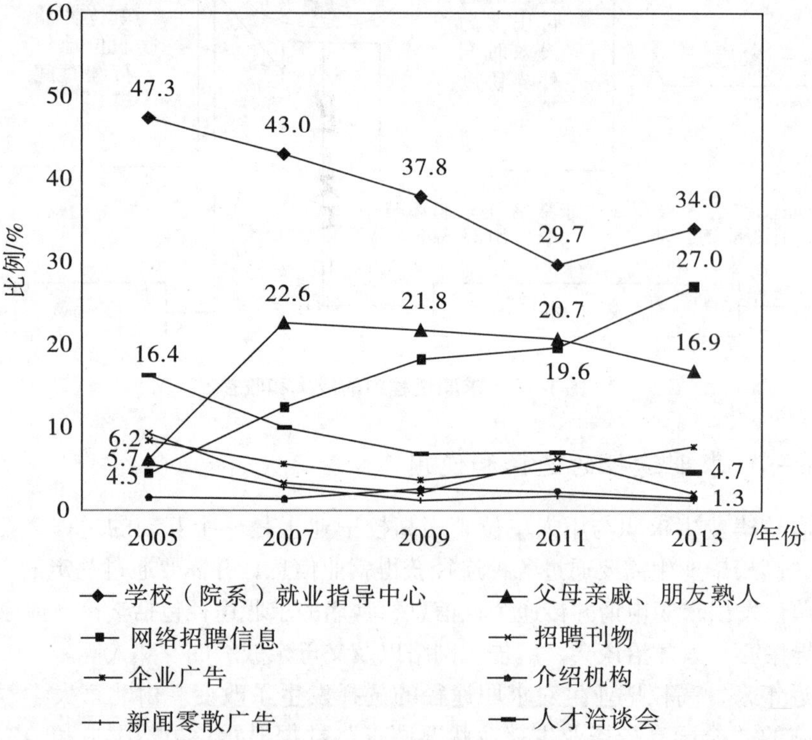

图 1-4　已确定单位的高校毕业生使用求职途径的情况（2005 年至 2013 年）

（数据来源：中华人民共和国国家统计局，教育类统计数据，http://data.stats.gov.cn/workspace/index?m=hgnd.）

从上述数据中可以观察到，学校（院系）就业指导中心始终是高校毕业生求职的最主要渠道，但是近年来高校毕业生对就业指导中心的依赖程度却有下降趋势；而父母亲戚、朋友熟人的作用却有所上升。

由于劳动力市场环境的变化，高校毕业生在求职时必然会根据外界状态和自身情况来调整求职策略；而求职途径的使用，背后就隐藏着高校毕业生对自身情况的估计和求职结果的预期。

最早将工作搜寻方法进行分类的是格林汉姆（Reid，Graham L.，1972）的研究，其中，研究者将职业介绍中介和报纸广告等方式作为正式求职途径，将亲朋好友和直接到公司应聘作为非正式求职途径。尽管这些求职方式可以进行分类，但是学术界并没有一个确切的分类标准，研究者通常根据自己的研究问题调整分类方法。通常而言，将那些正规化的、公开的、有一定环节设计和规范流程的求职途径视为“正式的求职途径”，如通过人才交流会、招聘广告或职业介绍中介机构等进行求职；而当求职者通过熟人或亲属作为中间介绍人而获得工作时，这种求职方式并不公开或正规，称为“非正式的求职途径”或“亲友途径”。

在劳动力市场中，对求职者的行为方式和策略的重要性应该得到充分的认识。求职者在求职时对具体策略和渠道的选择不会是随机发生的，具有良好的个人关系网的求职者可能会比其他条件相同的求职者更有可能和动机使用亲友途径。经过中间人介绍的求职者对工作的情况掌握更加充分，而他们选择申请工作，意味着求职者本人已经进行了一次工作匹配情况的衡量，并认为个人情况与工作要求能够匹配。

依照这一逻辑进行逆推，如果社会网络确实在求职环节中起到重要作用，为了使最终的效用最大化，求职者在进行求职决策和途径选择时，就会根据自己拥有的社会网络的情况，调整和改变具体的行为和手段。这是本研究第一部分对求职途径选择的核心逻辑。这一逻辑也符合社会网络理论的思路。詹姆斯·科尔曼（James S. Coleman）从理性选择的角度出发，认为个人可以通过理性选择来建立社会关系，并通过功利性的动机，发展、利用并最终得益于这些关系网络。因此，高校毕业生在进行求职时，也会抱着“只要条件允许，哪种方法能够帮助我找到好工作，就使用哪种方法”的心态。

同时，如果中间介绍人确实能够在招聘过程中为求职者发挥正向的协助作用，而且求职者拥有的社会网络比较丰富，那么，其中存在对求职结果拥有影响力的关系人的可能性就越大，求职者选择通过亲朋等非正式途径进行求职的可能性也越大。

经过以上推演，本研究的第一部分将使用调查数据，利用实证研究方法，分析高校毕业生选择求职途径的机制，探讨高校毕业生的人力资本和家庭背景情况对求职途径的影响。

（二）求职结果

1. 能否找到工作：工作机会获得率

雇佣和应聘过程是雇主和求职者互动互选的过程，雇主在聘用使用亲友途径求职的求职者时，也是有理性的功利动机的。

一方面，根据企业绩效理论，企业为了绩效的最大化，需要适应外界环境，需要降低道德风险带来的成本，也需要依赖其他企业构成的网络。另一方面，格奥尔格·齐美尔（Georg Simmel）关于社会网络理论的思路认为，一个人进入一个群体时，不仅本人加入了新的网络，同时携带了以前固有的其他网络的信息和资源。因此，对于企业来说，如果求职者能够携带一些有用的社会网络，则可以帮助企业更好地适应外界环境，降低道德风险，并帮助与其他组织构成网络。因此，在其他条件等同的情况下，首先，企业雇佣拥有以上功能的求职者是对企业有利的。而通过亲友途径求职的高校毕业生与其他高校毕业生相比，更有可能具有以上功能，他们既可能拥有更多的社会网络资源，更重要的是通过亲友途径求职，将这些社会网络资源的掌握情况传递给了企业，企业出于绩效最大化的考虑，也更愿意雇佣他们。其次，对企业来说，求职者若是经过中间人推荐而来应聘，那么中间人的存在和行为，在整个招聘过程中，其作用相当于进行了一次筛选环节。社会网络能够传递重要的工作信息，因此，拥有广泛社会联系的个体将会得益于更丰富的信息所带来的优势，收到更多的供职机会和岗位邀请。

在以上假设下，其他条件相同的情况下，通过亲友途径求职的高校毕业生可能更容易找到工作，获得更多的工作机会。

2. 经济待遇：起薪

求职过程及其结果的另一个重要的衡量指标是初职收入，也就是起薪点，它标志着社会学中所谓的“自致地位”的初步状况和水平，预示着向上流动的前景。与已经在劳动力市场工作的人们相比，高校毕业生从劳动力市场之外进入工作岗位时，排除了之前的“内部劳动力市场”的影响，薪资作为个人劳动生产率的体现，是主要的劳动力产出表现，反映了劳动者在市场中的地位和重要程度。许多对于工作找寻结果进行探讨的研究都将注意力放在搜寻渠道的选择和搜寻强度对薪酬的影响上（Holzer，1988；van den Berg & van der Klaauw，2006；Weber & Mahringer，2008）。有一种假设认为，非正式的工作接触能够为雇佣双方同时降低职位匹配状况的不确定性，从而缓解信息不对称情况（James D. Montgomery，1991），如果此假设成立，那么这一机制应该在劳动力市场中带来更高的薪酬。有研究证明，使用非正式途径求职与额外的奖金有关；与正式途径相比，通过中间人介绍等个人关系而获得的工作能带来更好的工作匹配性，从而降低工作变更概率（Datcher，1983；Simon & Warner，1992；Dustmann et al.，2011）；获得更高的生产率和薪酬（Ullman，1968；Holzer，1988；Bayer et al.，2008；Bender & Heywood，2009）。也有学者认为非正式途径会带来收入和受雇稳定性（Employment Stability）的损失（Ioannides & Datcher Loury，2004；Mouw，2003）。可见，对于使用非正式途径求职对求职者起薪有何影响，各种实证研究的结论并不一致。

为考察以上问题，本研究将进一步探讨求职途径的使用对高校毕业生就业结果的影响，包括获得工作机会的概率和起薪。

3．稳定性和福利：单位性质

我国劳动力市场具有一定特殊性。一方面，我国经济在改革开放政策下飞速发展，但仍面临内部结构调整和优化的艰巨任务；另一方面，基于历史和国情，我国拥有一些特殊的人事管理制度。因此，社会主义市场经济体制下，不同性质单位的雇佣方式、绩效评价、职位保障等具有较大差别。例如以国家机关、事业单位和国有企业为代表的“体制内单位”，其雇员是具有“编制”的。这种身份伴随着诸多保障和福利措施，且被解雇的概率也较低，工作相对稳定；与此相比，市场性企业（私营或其他）中的雇员并没有同等的保障和福利。

因此，高校毕业生在求职时，不仅考虑起薪高低，也考虑，甚至更多地考虑工作的稳定性。而从亲友帮助的角度来看，在2013年的就业季，“90后”们更多地进入了劳动力市场，他们的成长环境中，独生子女更多，他们的父母对子女的期待不仅出于经济收入的考虑，也同样希望子女不要太过辛苦，或者奔波不安，一份轻松稳定的工作可能比收入高的工作更具有吸引力；同时，经过了改革开放浪潮、国企机制改革、进入WTO和近几年的金融危机的市场变迁之后，高校毕业生的父母对于生活的“稳定性”有着更加强烈的期望。因此，在子女就业时，如果家庭背景中拥有可动用的有效资源，父母提供帮助的切入点和预期期望可能更加针对能够带来长期稳定工作的单位。

由此，本研究也将在起薪点之外，使用单位性质作为“工作稳定性”的考察标准，探究在高校毕业生求职过程中，家庭的帮助是否通过具体的求职途径发挥相应的作用，帮助高校毕业生获得稳定的工作。

（三）职业代际传递

教育经济学和社会学关心社会分化、分层和流动问题，而职业是综合反映分化、分层和流动的标志性地位指标，求职过程及其结果则是研究人们如何获得这一标志性地位的根本视角（边燕杰，张文宏和程诚，2012）。

有研究表明，中国城镇居民的行业或职业的代际流动呈现一定程度的劳动力市场分割特征，父辈在高收益或低收益劳动力市场工作，其子女从事相同劳动力市场工作的可能性比较大，而从事不同劳动力市场工作的可能性相对较小。父辈从事高收益、中收益和低收益行业的工作，子女偏离父辈所从事的行业，流动到其他行业可能性较小，而继承父辈所从事类型行业的可能性则相对较大（郭丛斌，2006）。如果子女进行求职的工作与父辈在同一行业中，那么父辈很有可能掌握一定的相关信息，例如工作内容、岗位职责、薪酬福利以及一些切身的工作感受，帮助子女衡量自身情况与该工作的匹配情况；另外，父辈在相关领域具有丰富的经验，会在子女求职过程中为其提供力所能及的影响和帮助，希望在一定程度上影响招聘结果。因此，通过以上机制，使用亲友途径就业可能有助于父辈将职业资源和特征传递给子女。

但是求职途径在这一传递过程中的作用方式并不确定。作为中间媒介，亲友途径在父辈职业和子女职业之间发挥的作用可能会像“桥梁”或“轨道”一样，父辈职业类型能够导致或者决定子女使用的求职途径，之后，正是通过亲友途径，子女也进入到同一个类型的职业，因此完成了职业的代际传递；而另一种可能，亲友途径发挥的作用像是“催化剂”或“强化剂”，父辈职业可能早期就通过投资子女教育或者教授职业技能和培养职业素养等机制完成父辈职业资源向子女的传递，而使用亲友途径就业会促进和加强这一作用过程，帮助职业代际传递的完成。

在以上两种机制中，求职途径分别发挥了“中介效应”和“调节效应”的作用，二者的作用机理、影响方式和最终效果都不相同。同时，高校毕业生进入劳动力市场之后第一份工作的职业类型是其整个职业生涯的起点，是求职结果的重要代理变量，因此本研究的另一个关注点，将从职业代际传递的角度，使用定量检验的方法，探明亲友途径在高校毕业生父辈与本人的职业代际传递中究竟发挥的是中介效应还是调节效应。

综上所述，本书的研究问题包括：

（1）分析高校毕业生选择求职途径的机制，探讨高校毕业生的人力资本和家庭背景情况对求职途径的影响。

（2）探讨求职途径的使用对高校毕业生就业结果的影响，包括获得工作机会的概率、起薪和单位性质。

（3）从职业代际传递的角度，使用定量检验的方法，探明亲友途径在高校毕业生父辈与本人的职业代际传递中发挥何种作用。

三、研究意义

（一）理论意义

高校毕业生在求职环节中所采取的行动和所做的决策会对工作找寻的效率和结果产生重要的影响。高校毕业生在求职阶段会尽一切努力以期获得更加满意的工作，这些努力既包括时间和金钱上的投入，也包括尽量获取多方的帮助，从多种维度搜集工作信息，争取工作机会。因此，在某一个时间段中，高校毕业生可能会同时依靠多种途径进行工作搜寻行为。尽管高校毕业生会尽可能利用各种方式帮助自己进行求职，然而由于时间和精力的限制，以及某些途径对其开放的可能性和程度，高校毕业生使用不同途径的频率和强度并不相同。

本研究将会更加明确和细致地探索高校毕业生的人力资本情况和家庭背景对求职途径的影响，进而检验这样的策略对求职结果的作用，包括获得工作机会的概率和起薪；同时，有研究表明我国职业代际传递效应较为明显，本研究将以求职途径为切入点，研究职业代际传递的内部作用机制。

以往的研究大多着重关注工作搜寻行为对最终求职结果的影响，将求职环节当作暗箱处理，对求职行为中具体的求职途径进行详尽实证分析的研究并不多见；与此相比，本研究从求职途径的影响因素入手，进而探讨这种选择对工作机会获得率、起薪、单位性质和职业代际传递的影响，以期以求职途径为切入点，透视高校毕业生求职过程中的行为逻辑和机制，具有重要的理论意义。

（二）现实意义

在经历了数年的勤奋求学之后，高校毕业生在进入劳动力市场之时都希望找到满意的工作。人们往往认为，只要足够努力，就能够获得理想的结果。对于高校毕业生而言，如果学习的知识和掌握的技能相同，似乎就意味着在求职时会处于同一起跑线上。然而在现实中经常存在通过亲朋好友“帮忙找工作”的情况，而这种协助并非所有求职者都能使用，很多高校毕业生只能依靠个人和公共平台来频繁甚至有些盲目地大范围投递简历，以期获得工作机会。

如果家庭背景更优越的高校毕业生确实能够从家庭中得到求职时的协助，而这种差异又进一步帮助他们在劳动力市场中获得更高的待遇，也就是说，某些求职途径确实能够带来更好的求职结果，而这种途径却并非任何人都能使用，那么这就意味着，那些来自普通家庭的高校毕业生在刚刚进入劳动力市场的时候，便会面临不平等的境遇。"走后门""拉关系"现象的加剧，将会极大地损害社会中弱势群体的利益，造成社会不公平程度的加剧，如果非生产性的行为获得的收益过于显著，会使越来越多的大学生产生"权力至上"或"关系至上"的不良心理，并把更多的努力投入到非生产性的努力中去，而消极地对待学习和教育，不利于人才的培养，也破坏双向选择、自主择业的就业机制。

相关部门历来极为重视教育和就业的公平性，教育也同时被寄予了缩小贫富差异、促进社会和谐的期望，人们往往期望学生在离开学校之后能够通过一技之长获得回报。随着我国高等教育规模的不断扩张，高校毕业生数量不断增加，其就业问题越来越受到关注。除此之外，经历了2008年的金融危机和2011年的"金融海啸"之后，我国的市场结构也发生了相应变化，面对竞争激烈的劳动力市场局面，高校毕业生的求职途径是否也发生了相应改变，同样值得探讨。因此，研究高校毕业生的求职行为特征，讨论其选择求职途径的影响因素，以及求职途径对求职结果的影响，具有重要的现实意义。

四、研究结构

本书研究流程与结构见图1-5。

本书共分为七章，本部分为第一章导论，介绍了本书的研究背景，包括当前的就业形势，尤其是高校毕业生面临的竞争压力；接着阐述了求职途径研究的现实意义和重要性，简要介绍了相关研究中的看法，提出了研究问题，最后介绍了本书的研究意义。

在第一章的导论之后，将在第二章"理论分析与文献综述"对相关理论和以往研究进行回顾与总结。针对本书提出的问题，首先从人力资本理论、社会资本理论、社会网络理论、企业绩效理论、市场分割理论、社会分层理论和工作搜寻理论，分析了高校毕业生求职行为特征和求职途径选择的逻辑，以及求职途径对求职结果的作用机制，为模型推导和实证分析奠定理论基础；随后，将对已有的国内外关于求职途径选择及求职结果的文献进行梳理和评述，总结相关研究的基本观点、理论假设、分析框架和变量选择，以期借鉴其合理性，完善其局限性，建立适合研究中国高校毕业生求职途径选择及其影响的分析框架。

第三章为本书的研究设计，界定主要概念之后，在文献综述和理论分析的基础上，结合本研究关心的问题，设计变量之间的研究路径，形成研究框

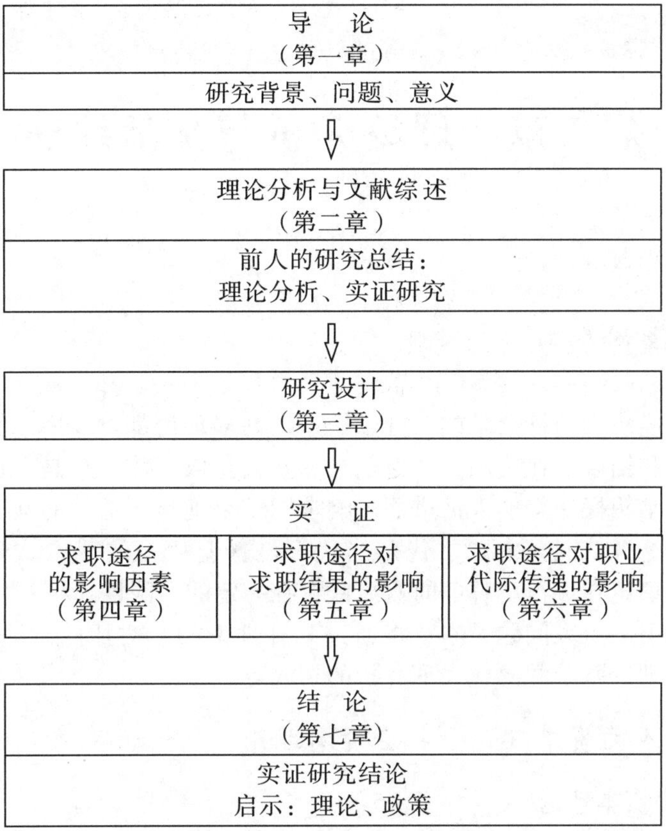

图 1－5　研究流程与结构

架；最后，介绍了研究对象的调查数据来源以及核心变量。

第四章到第六章是本书的核心定量分析部分，第四章分析了高校毕业生求职途径选择的影响因素；第五章分析了求职途径对高校毕业生求职结果的影响，以工作机会获得率为起点，用起薪和单位性质分别刻画经济待遇和非经济待遇；第六章进一步从职业代际传递的角度分析求职途径的作用。

第七章是本研究的总结部分，归纳了全书主要结论，阐述了研究的创新与展望，并提出可行的政策建议。

第二章　理论分析与文献综述

一、理论分析

在教育经济学与社会学的研究领域中，许多理论都可以用于解释求职者的行为逻辑和结果。在美国，通过朋友和熟人获取工作信息是合情合理也合法的，通过暗箱操作交换人情进而影响求职结果则是不道德的甚至违法的行为。但是，这种情况在中国古代和当代都是普遍存在的现象，对于这一问题，西方的理论在进行解释的时候可能存在一定的局限性。

根据本书的研究问题，本章将通过几种理论相互对比的方法进行分析，为研究提供理论基础并寻找实证分析的切入点。

（一）人力资本理论和社会资本理论

1. 人力资本理论

T. 舒尔茨（Theodore Schultz）、G. 贝克（Gary Becker）和 J. 明塞尔（Jacob Mincer）早期所做的重要贡献在于证明了劳动的边际生产率与人的一生中在教育与培训方面的投入之间所存在的直接联系。从此，人力资本概念便一直左右着教育经济学，并对劳动力市场、工资的确定和其他一些经济学问题的研究产生了深刻的影响，人们也逐渐认识到，这些方面都体现了人力资本的投资，因为它们增加了个人的收入能力，并提高了终身收入。

然而，人力资本投资一直是一个颇受争议的话题，衡量教育投资收益率的各种尝试一直遭到下述观点的攻击，这种观点认为，教育并不能增强劳动者的劳动生产率，它只是作为一种“筛选器”帮助雇主识别更具有潜力或个人才干的人，而这些未使劳动者具有更高的劳动生产率。

根据人力资本观念的最初阐释，教育或培训通过向劳动者传授知识技能来提高他们的劳动生产率，从而增加他们的终身收入。但这种假设很快招致反对，有观点认为，受教育劳动者获得的高工资只因为他们的才能过人，而非受教育过程中获得的知识技能的缘故；此外，受过教育的劳动者多来自较高的社会阶层，而多在城市而非农村地区工作，也佐证了这一观点。

另外，“筛选假设”之所以如此重要，是因为它关注的是教育或其他形式的人力资本投资对劳动生产率影响的确切方式，并且提醒人们，教育的作用远远不止是传授知识和技能。雇主之所以更加青睐受过教育的劳动者，是因为拥有教育文凭不仅标志着个体具备一定的知识、能力和态度，而且教育过程也促进了这些能力的形成和发展。换言之，人们日益意识到，教育不但提供了知识和技能，而且影响了一个人的观点、动机和其他个性特点。

综上所述，尽管不能说人力资本的观点已经“过时”了，但是它必须加以扩展，以便涵盖更多的影响个人特性和技能的活动；同时，也必须认识到，这一类的活动会以更加复杂的方式来提高劳动者的劳动生产率。

作为对人力资本理论的回应，一些社会学家开始将人们之间的社会互动和联系一同纳入资本的范畴，逐渐形成“社会资本”的概念和理论。

2. 社会资本理论

“社会资本”在20世纪70年代之后作为一个明确的研究概念被提出，皮埃尔·布尔迪厄（Pierre Bourdieu）、詹姆斯·科尔曼（James S. Coleman）、罗伯特·普特南（Robert Putnam）和林南等社会学家从不同视角对社会资本进行过定义，他们的共同之处在于都把社会资本理解为一种个人能够动员的社会网络关系，对这种社会网络关系进行投资可以使人们获得理想的预期收益。

社会资本对个人行为的影响往往通过以下几种机制：第一，社会资本可以通过制度化的社会网络关系占有和获取资源的集合体，直接为使用者获得利益，这样的功能通常发生在特定的工作关系、群体关系和组织关系之中；第二，社会资本也具有一般资本所具有的增值属性，可以通过投资进行储备，以备未来使用，获取帮助和回报；第三，社会资本可以和其他形式的资本进行转换，帮助个人达到预期目标。布尔迪厄认为经济资本是一切类型资本的根源，经济资本比较容易向社会资本转换，但社会资本向经济资本转换却比较困难。林南认为社会资本通过四种机制改变个人的行动效果，促进了信息的流动，施加影响，侧面反映社会能力以及强化关系和认同感。从这个角度来看，社会资本不是静态的，而是在个人行动的过程中发挥作用，将行动者联系在一起。

关于社会资本对高校毕业生的求职结果有何影响，以往也有大量的研究进行讨论，社会资本对于工作找寻的积极作用得到了广泛的证实。一些学者通过实证研究发现：社会资本对高校毕业生的就业落实具有显著的影响，也对起薪有正向的帮助（阎凤桥和毛丹，2008）。家庭的社会资本水平越高，高校毕业生更愿意在企业就业，对起薪的预期更高，同时因为求职信心更强而更有可能推迟就业；在求职过程中付出的努力更少，落实工作单位的概率也更高（闵维方等，2006；文东茅，2005；郑洁，2004）。

综上所述，恰当地使用社会资本很可能对高校毕业生的求职结果具有帮助，在这样的预期之下，高校毕业生为了获得更理想的求职结果，会尽可能地使用社会资本寻求协助。

我国的劳动力市场尚未发展成熟，在工作找寻和就业岗位匹配的过程中，社会关系在人力资本之外承担了重要的作用，如果不能将其纳入解释框架将具有一定的局限性（丁小浩，2004）。

在现实情况中，受到时间和精力的限制，高校毕业生会全面衡量自身的人力资本水平与社会资本情况，采取一定的求职行为策略，以期达到最理想的求职结果。

3. 二者的关系及研究启示

自从社会资本的概念被提出以来，学界就开始对人力资本和社会资本的关系进行讨论。林南（2005）认为，人力资本代表那些在培训、技能和知识等方面的投资，而社会资本是对社会关系的投资，从而使用和借取其他人的资源和能力。科尔曼以三角形为例子说明二者的关系，他将三角形的三个顶点比喻为人力资本，而各顶点间的连线就代表社会资本，二者不是彼此孤立地发挥作用，而是存在一定的共同发挥作用的机制。

在这样的设想下，大量研究将社会资本和人力资本相结合进行分析。中国社会调查所的调查发现：53%的学生及家长认为，能力与关系相比，关系对就业的影响更为重要，而24%的高校毕业生表示，自己之所以与喜爱的工作无缘，就是因为自己没有关系。[①] 丁小浩（2004）利用2003年全国高校毕业生就业调查的数据，对大学生感知的人力资本和社会关系网络的相对重要性进行了实证研究，发现处于“优势”群体中的高校毕业生所感受到的人力资本与社会关系网络的相对重要性要强于“弱势”群体中的高校毕业生。徐晓军（2003）从社会资本运作空间的角度，提出社会资本对就业的边际作用在持续减少，也就是说，随着人力资本存量的逐渐增加，社会资本的作用在逐渐减弱。而康小明（2006）对高校毕业生的实证研究则得到了不同的结果，他认为只有当人力资本达到底线要求后，社会资本才能更好地促进其在职业发展中的作用。可见，关于人力资本和社会资本对高校毕业生求职的作用还有待进一步的研究论证。

综上所述，高校毕业生为了获得更理想的求职结果，会根据自身拥有的人力资本和社会资本情况，在对二者预期作用的感知之上，对求职过程中的行为和策略进行调整。

---

① 数据来源：http://www.chinasurvey.cn/old/index.htm/2006－06－20。

本研究以求职途径为求职行为的核心现实体现，研究求职途径在高校毕业生求职过程中的运行模式和最终对求职结果的影响。在上述理论分析的基础上，本研究假设高校毕业生会根据自身的人力资本水平和社会资本情况，采取不同的求职途径。

（二）社会网络理论和企业绩效理论的关系主义视角

1. 社会网络理论

社会网络理论从社会网络关系或人际关系的网络结构出发对一些社会现象予以解释，提供了一个结构主义的微观基础。马克·格兰诺维特（Mark Granovetter）在 1985 年提出“内嵌性”理论，重新将社会网络理论的思路引入了社会学主流的研究中。社会网络理论的研究有两个重要思路。

德国社会学家齐美尔（Simmel）是社会网络理论的鼻祖，他的基本思想是个人与群体的两重性。当一个人加入一个群体的时候，受到群体的约束，建立起了个人和群体的基本关系，这就是所谓的社会网络关系。齐美尔的另一个思路是，当个人进入网络时，他不仅仅是这个网络中的一个点，而且将其他网络关系带入现在的新网络。齐美尔认为，一个人同时参与了很多网络群体时，便同时携带了这些网络群体的印记。所以，当一个人进入一个新的群体的时候就又把他所隶属的其他群体的关系带到这个刚刚加入的群体之中，于是就产生了个人和群体关系的两重性。

社会网络学派的另一条思路则特别强调个人利用社会网络争取社会资源以获得地位的意义，这一思路可以概括为“社会网络功利性的思路”。这一思路的主要代表人物是科尔曼，他从理性选择的角度出发，认为个人可以通过理性选择而建立社会关系。从这一角度出发，可以认为个人是关系网络的中心，具有强烈的主观能动性，可以发展个人关系网络，并且重视关系网络的功利性和工具性。

罗纳德·博特（Ronald Burt，1992）在《结构洞》一书中提出的思路认为关系网络的重要功能包括：拥有网络的个人得到的信息和没有网络的个人得到的信息是有巨大差异的；即使同样的信息，其被传递的时间、内容和丰富程度也与网络关系的密切程度有关；一些影响和推荐的作用也需要通过关系网络进行传达。

以上社会网络理论代表人物的思路各有侧重，格兰诺维特注重于网络结构对人的自主性的限制以及对行为的塑造，更强调从网络地位到个人行为这一因果关系；而博特则注重以个人为出发点，将关系网络视为一种工具性机制，强调从个人行为到关系网络再到行为回报这一因果关系。如图 2－1 所示。

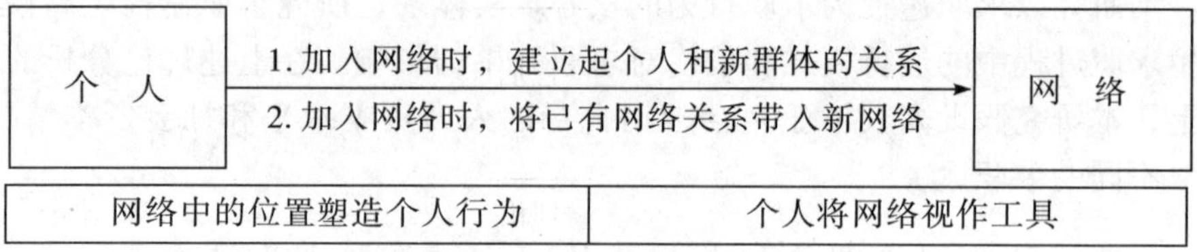

图 2－1　社会网络理论

但是无论哪一种思路，社会网络理论都认为，如果一个人能够成功地运用关系网络的话，便会得益于这些关系网络，有效地改善自己的生活境遇。比如——以本研究为例——找到理想的工作。

在这样的逻辑推导下可以假设，为了找到理想的工作，高校毕业生在求职时会尽一切努力利用关系网络。这样可以带来两个方面的假设，第一，拥有良好关系背景的高校毕业生可能更有动力去使用亲友途径求职；第二，这样的行为策略有可能会给他们带来更有利的求职结果。其中，第一种假设是考察高校毕业生通过亲友途径求职的动机，可以通过对高校毕业生的求职行为进行实证研究予以检验；而在第二种假设中，行为主体是用人单位，因此需要从雇主的角度进行考察。高校毕业生在进入新单位的时候，同时将自己所携带的其他网络关系带入新网络，这就给用人单位提供了一个参考标准，但用人单位的行为动机究竟是什么，需要从它的角度进行考察，这里就引入了“企业绩效理论”，尤其是“关系视角”下的企业绩效理论，为第二个假设提供逻辑参考。

2. 企业绩效理论的关系视角

根据企业绩效理论中的权变理论，企业绩效是因为企业对环境的使用程度，对环境越适应，其绩效越高；交易成本理论认为，对外部环境的适应与企业内部有关，如果企业的管理架构和发展策略将外部环境的道德风险最小化，则交易成本降低，企业的业绩就会上升；资源依赖理论认为，企业依赖的最重要的外部环境是由其他相关企业构成的，因此，如果企业能够通过其权力获取其他企业的资源，则本企业的绩效就会提升（Scott，2005）。企业绩效的关系主义视角则强调企业及其行为是嵌入在具体的却不断变化的社会关系网络之中的（Granovetter，1985）。企业寻求生存和发展的关键在于基于社会关系网络的管理架构，而不是简单地通过市场化或者科层化来实现。因此，在关系主义视角下的资源依赖理论就把企业的相对权力重新定义为企业在组织间的网络中所占据的位置；关系主义视角下的交易成本理论则认为，组织之间的社会网络可以控制道德风险，从而建立起长期而稳定的相互依存关系，降低交易成本。如图 2－2 所示。

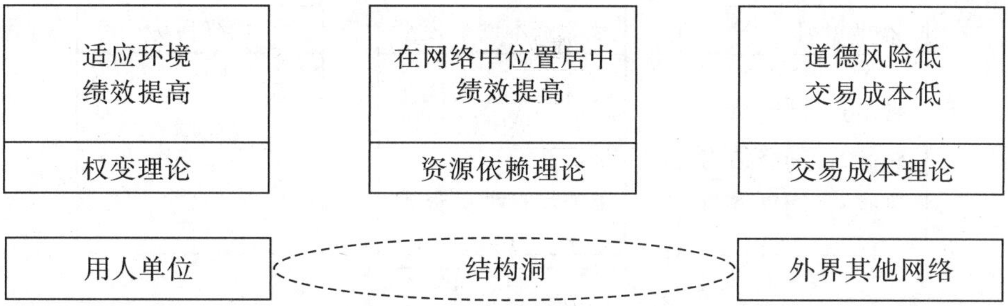

图 2－2　关系主义视角下的企业绩效理论

关系主义视角中的社会网络会通过三种机制来影响企业的绩效：第一种机制为网络纽带，把企业联系起来并提供跨越企业边界获取信息、技能、知识、实际资源和道德规范的通道。第二种机制为网络结构，包括关系松散的网络结构和关系紧密的网络结构，前者是指处于结构洞位置的企业可以获得更加多样化的信息、资源以及支配其他企业的权力，因此获得更高的绩效；后者是指闭合网络中的成员发生较为直接的联系，互相提供具有排他性的及时信息和机会，网络内部的成员便可以提升绩效。第三种机制为网络资源，网络纽带和网络结构所带来的优势是潜在的，这些优势只能通过实际的资源动员努力之后才能实现，而网络资源是广义的意义，既包括有形的技术、人才和财富，也包括无形的信息、权力和影响力，以及作为市场信号的企业声望和地位。以上三种机制构成了企业的社会资本，借助以上三种机制，企业能够通过网络关系从外界环境获取有利的帮助，提升绩效。

企业社会资本带来绩效的过程是一个动态过程，需要行动者有意识的行为才能产生现实效果，在“社会资本动员模型”中，林南（1999）指出这是一个两步走的过程：第一步，需要社会行动者首先加入到资源比较丰富的社会网络中，具有了获取潜在资源的优势；第二步，行动者将通过有意识的行为，动员这些潜在资源，进而实现预期目标。

以上两个步骤的实现即企业社会资本的实现，其关系基础都是人际关系。在以上所述的机制的动机鼓励之下，用人单位更可能雇佣能够帮助自己实现提高绩效目标的雇员。而这一过程需要通过中间人的介绍和沟通才能够得以实现，如此，在其他条件相同的情况下，雇佣那些通过亲友途径或者非正式途径找寻工作的求职者，对用人单位来说便是有利的。也就是说，通过亲友途径或非正式途径求职的高校毕业生，比同条件的其他高校毕业生，更有可能获得工作机会。这与上一小节中的第二个假设逻辑相符合。如图 2－3 所示。

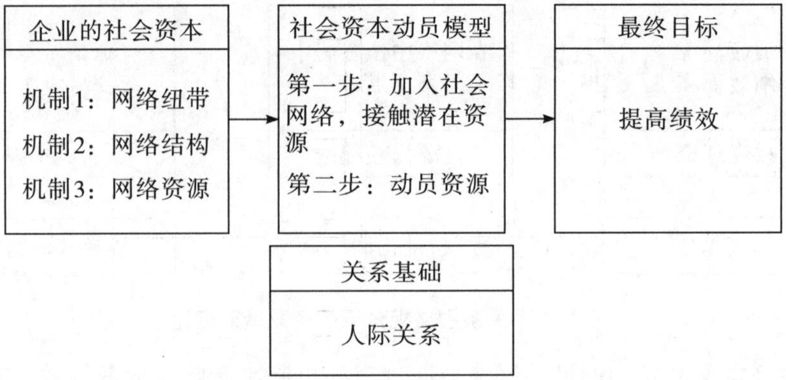

图 2－3　用人单位的行动逻辑

3. 二者的关系及研究启示

在雇佣双方的互动过程中，求职者和雇主都有各自的逻辑和动机。本节将社会网络理论和企业绩效理论放在同一节中进行介绍，是因为这两个理论共同解释了雇主和求职者互动过程中的决策逻辑和行为动机。

从社会网络理论和企业绩效理论的关系视角来看，雇主希望通过适应环境、降低道德风险和交易成本以及与其他网络增加关联来提高绩效，最有效的实现手段就是雇佣通过中间人介绍的求职者；而求职者希望成功应聘，需要传递更多信息、提高与工作的匹配度以及使用一定的影响力来提供帮助，这些都可通过寻求中间人的帮助得以实现。且社会网络理论认为，个人在进入一个新网络的时候，也将其他网络中的信息和资源带进来，因此，如果雇佣的求职者能够带来更多信息，这可以帮助企业适应环境（雇主的第一个动机，求职者的第一个动机和贡献）；如果求职者能够通过中间人的第一步筛选而先行提高了匹配程度，则降低了交易成本，且中间人的存在也能同时降低道德风险（雇主的第二个动机，求职者的第二个动机和贡献）；最后，如果是有影响力的中间人，雇佣这些人介绍过来的求职者，能够增加与其他网络的潜在交流和接触，帮助企业提高绩效（雇主的第三个动机，求职者的第三个动机和贡献）。如图 2－4 所示。

综上所述，在其他条件相同的情况下，雇主有充分的动机雇佣那些通过亲友途径或非正式求职途径找寻工作的求职者，使得这部分求职者在劳动力市场中比其他条件相同的求职者获得更多的工作机会。本研究将通过实证的方法对此假设进行验证。

然而，企业绩效理论是西方成熟的理论，且主要解释企业在市场中的行为，对于中国的市场问题，以及涉及其他性质的用人单位的行动机制，在解释上具有一定的局限性。本研究将在此理论的基础上进行实证研究，也侧面

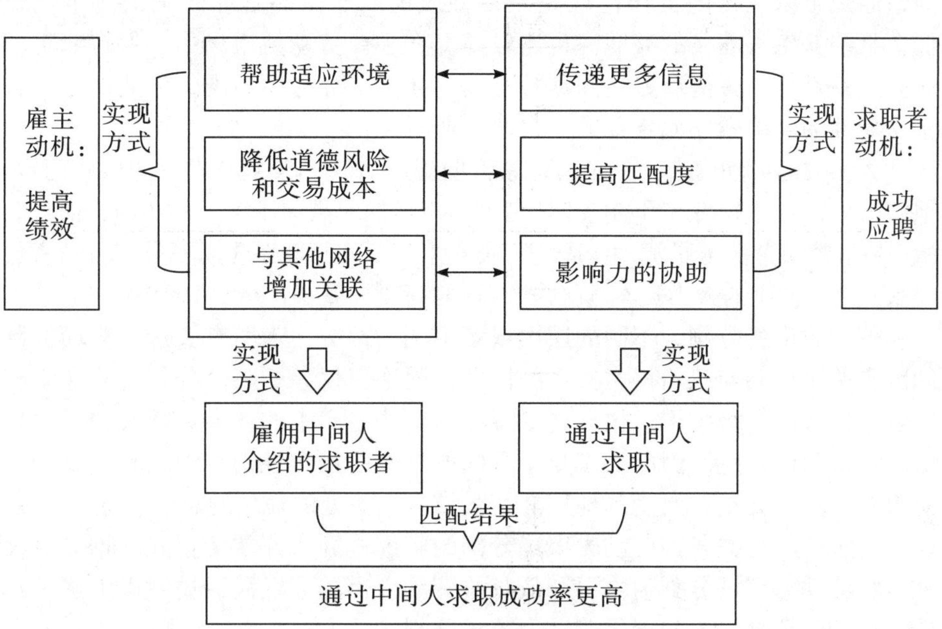

图 2-4　求职者与雇主的动机匹配情况

探讨该理论在我国劳动力市场中的解释适应性。

（三）市场分割理论和社会分层理论

1. 市场分割理论

在人力资本理论之外，也有诸多理论探讨了不同的劳动力市场逻辑，这些理论认为新古典主义经济学家所谈及的劳动力市场性质，在本质上与人力资本模型所探讨的劳动力市场相差甚远。与其说劳动力市场是物质资本拥有者和劳动技能的提供者之间讨价还价的谈判桌，不如说它是受到社会权力关系的严重制约的社会政治舞台。在这种劳动力市场的社会概念基础上建立起来的劳动力市场分割理论认为，教育的价值不仅取决于劳动者的边际劳动生产率，而且取决于劳动者的权力特征。

当具有类似劳动生产率的劳动者的工作机会和报酬出现很大差异时，劳动力市场就被分割。多灵戈和派奥（Doeringer & Piore，1971）认为，劳动力市场可以一分为二："主要劳动力市场"和"次要劳动力市场"。主要劳动力市场的工作工资较高，福利丰厚，工作和培训条件优越，晋升靠资历，就业有保障；次要劳动力市场的工作工资较低，福利较少，培训和晋升机会少，工作条件差，容易遭到解雇。

大部分的失业现象都集中在次要劳动力市场中，这里并不缺乏工作机会，但是可以获得的工作往往是短期性质的，雇主们解雇职工的成本比较低，某些低工资雇员的辞职率也比较高。在主要劳动力市场中，保持稳定的雇佣关系是符合劳资双方共同利益的，因而这一部分中出现的失业往往归咎于周期性的经济紧缩而导致的非自愿失业。

大多数的劳动力市场分割理论家都明确反对新古典主义理论的核心内容。他们认为，内部劳动力市场使主要劳动力市场的雇员免于竞争的压力，而且刺激雇主和雇员减少人员流动。因为工资水平与工作相联系，而不是与劳动者相联系，个人做出的人力资本选择对收益影响有限（DeFreitas，1995）。

劳动力市场分割为不同的层次或者不同的部分，表明有关选择方面的制约因素源于社会与政治权力关系的性质，而不仅仅源于某个公司与某所学校的技术构成或等级结构。根据这个观点，这些生产中的社会关系决定了市场对教育价值的判定。因此，来自于不同的社会阶层、性别、种族和民族的人对教育投资的数量，要受到他们在社会结构中所处的地位的影响。

鉴于此，有关各国劳动力市场分割的实证检验研究常常首先根据一定标准，将劳动力市场分割为主要和低收益劳动力市场，继而通过对以下两个经典假设的验证来检验各国的劳动力市场分割状况。

经典假设一：在主要劳动力市场就职的劳动者所获得的收入明显高于在低收益劳动力市场就职的劳动者；经典假设二：在主要劳动力市场中，教育的收益率要明显高于低收益劳动力市场。

岳昌君（2004）认为造成不同行业之间存在收益差别的原因主要有高等教育的外部性以及行业本身的垄断性质。高收益行业中的科学研究和综合技术服务业、房地产业、金融保险业，中收益行业中的卫生体育和社会福利业、教育文化艺术及广播电影电视业、国家机关政党机关和社会团体等行业，大部分都是那些受过高等教育并且能力较强的人员才能进入的。行业收益指数与高等教育人口比重之间显著的正相关关系（相关系数为0.62）也证实了这一点，这表明我国的人力资本存在一定的外部性。也就是说，高等教育人口比重越大的行业人力资本积累就越多，人力资本的外部性就越强，劳动生产率就越高，行业收益也就越大（岳昌君，2004）。高收益行业和中收益行业的另外一些行业，如电力、煤气及水的生产和供应业，以及交通运输仓储和邮电通信业等属于典型的受国家政策保护的自然垄断的行业（郭丛斌，2006）。

2. 社会分层理论

美国社会学家布劳和邓肯（Blau & Duncan，1967）开创了地位获得模式的研究，其基本思路有以下三点：第一，在分层体系中，社会经济地位是有差别和不平等的，而获得、保持和改进社会经济地位，是个人一生中不断的行为。因此，探明个人地位获得的模式是社会流动研究的重要视角。第二，个人从家庭或血缘关系中继承的社会经济地位，可以比喻为“不劳而获”，为继承机制；个人通过自身努力谋求的社会经济地位的改善，则是“有劳而获”，为自致机制。判定继承和自致两种机制的此消彼长，是研究社会分层和流动的基本任务。第三，继承和自致这两种机制的消长变化，受到工业化逻辑的制约：一个社会的工业化程度越高，社会中的职业分化越大，人们的知识学习和技能培训就越需要走出家庭和血缘关系，所以地位的流动越成为必然（边燕杰等，2006）。

然而，地位获得模型受到开放分层体系的严峻挑战，在拥有二元经济结构壁垒的社会体系中，执行同一种工作内容的两个工人如果处于不同的经济结构中，获得的工资可能并不相同，且接触和拥有的资源含量不同，地位获得模式也由于制度约束的不同而发生变化。垄断经济中存在“内部劳动力市场”，其工作契约受到制度的保护，年薪效应较强，工会力量强大，报酬和福利较高并且稳定；而非垄断经济中的劳动力市场是外部的，并不具备上述内部劳动力市场的优势和结果（Piore & Doeringer，1971；Sφrensen & Kalleberg，1981；Kalleberg & Wallace，1981）。

3．二者的关系及研究启示

高校毕业生进入劳动力市场之后，除了面临能否获得工作的问题之外，职业背后所蕴含的社会经济地位的获得也是衡量高校毕业生求职结果的重要参照指标。在前工业社会里，职业的继承和获得有固定的模式，而资本主义和工业主义则要求更有效地利用人的才智，因此，在现代工业和后工业社会里，人们获得较高的经济地位的过程是很复杂的。最理想的情况中将按照能否胜任任务来分派工作，而正规教育是能够获得这种能力的主要手段，但是，显赫的家庭地位一定程度上也预示着显赫的经济地位。

此背景下，从劳动力市场分割和社会分层的视角，以往的研究对父辈职业类型向子女职业类型的传递进行了诸多探讨。本研究则在此基础之上进行了深化和延伸，从求职途径的角度入手，分析求职途径与职业代际传递之间的关系，检验毕业生求职途径对职业代际传递发挥的具体作用，探求职业代际传递的具体机制。

（四）工作搜寻理论

1．工作搜寻理论核心逻辑

古典经济学的理论假设在商品交易市场中，市场信息完全对称，人们不需要付出任何形式的成本就可以知道商品或服务的价格分布、质量情况和地理分布等，从而购买到使其自身效用最大化的商品；同时假设商品价格连续分布，人们可以根据已知商品的价格来推算未知商品的价格，不用花费时间和成本来获得这些信息。然而现实情况中，信息并不完全对称，为了放松古典经济学中交易无成本和瞬时完成的假设，1961 年斯蒂格勒（Stigler）最早提出了搜寻模型，在其中开始建立包含搜寻成本在内的成本假设下的理论模型，提出了购买者询问多个出售者以确定最理想价格的行为便是“搜寻”，搜寻需要付出成本，当购买者再多了解一个出售者所付出的代价与预期能够节约的商品价格相等时，便停止搜寻，从已经得到的价格信息中挑选报价最低的一个，完成交易。这样的理论模型承认了信息不对称及商品价格离散分布。沿着这一理论方向，形成了由斯蒂格勒（1961，1966）提出的“最优样本规模法则”，也就是所谓的“斯蒂格勒决策法则”（Stigler Decision Rule），摩藤森（Mortensen，1986）等学者对其形成和发展做出了进一步的贡献。这一理论的基本逻辑是，认为劳动者会根据一定的方法，首先确定某一最合适的寻访企业数量，然后开始工作寻访，直至达到该数量，便停止搜寻，然后接受其中条件最好的工作岗位。该方法的基本原则，认为寻访者追求的目标是工资期望与寻访成本之间差额的最大化。

然而，该理论未能符合大多数求职者在现实中的工作寻访行为。麦考克（McCall，1965）提出了序列寻访模型或无限序贯寻访模型（Infinite Sequential Search Model），即“最优中止法则”，将搜寻理论的基本逻辑运用于劳动力市场中的工作搜寻行为。古典经济学的理论假设中，劳动力市场是完全竞争的，而且劳动者和厂商也都是同质的，只要劳动者愿意接受市场工资，就能找到工作，而同时，如果厂商想要雇佣工人，只要支付市场工资，就能招聘到劳动者。然而这样的强假设并不符合实际情况，真实的劳动力市场中，劳动者之间以及厂商之间具有强烈的异质性，并且对双方而言，彼此的信息无法轻易掌握，在雇佣过程中，双方都需要花费时间和成本进行双向选择和匹配，将彼此并不对称的信息进行一定程度的交换。与最优样本规模法则相比，最优中止法则采取了更加符合现实情况的逻辑，在麦考克提出的假设中，认为每增加一个搜寻对象，劳动者需要付出的成本是一定的；如果不接受工作，则会继续寻找下一个工作；人们对于自身获得某一水平工资的概率分布是已知的。在这样的假设之下，认为劳动者在开始寻找工作之前，能够推导出一个法则，以确定自己能够获得某一岗位工资的可能性，为自己设定一个可以接受的最低工资水平，即保留工资（Reservation Wage），依据保留工资的水平判断是否接受工作，如果企业提供的工资高于或等于保留工资，则求职者会接受这份工作，反之则会拒绝，而进行继续搜索，寻找下一个可能的工作机会。在绝大多数关于工作寻访的理论中，保留工资这一概念都具有核心的地位。

费尔普斯（Phelps）在 1970 年首先提出了工作搜寻理论（Job Search Theory）这一概念，并进行了基本假设。该理论认为，①劳动力市场中的信息是不完全的，而不同的企业提供的工资水平不同，劳动者为了得到报酬满意的工作，必须在市场中进行搜寻；②搜寻时间越长，找到满意工作的可能性越大，但是随着搜寻时间的延长，未来寻找到的工作岗位报酬的提高幅度递减；③劳动者需要花费成本以获得工资水平和工作岗位的信息，随着搜寻时间的延长，搜寻成本也随之增加，但是边际成本递增；④根据成本—收益分析法，当边际收益大于边际成本时，劳动者应该继续搜寻，这是一种理性的选择，而当边际收益等于边际成本时，求职者才应该停止搜寻。这一模型得到了学术界的广泛认可和应用，并在此基础上发展丰富。

2. 模型的演进——以时间或寻访数量为参数建立模型

无限序贯寻访模型是工作寻访理论最基本的理论框架，摩藤森（1970）和格诺纳（Gronau，1971）等多位学者曾相继研究，随后，沿着“最优中止法则”发展的工作寻访理论模型，采用李普曼和麦考克（Lippman & McCall，1976）文中讨论的方式，以无限序贯寻访模型的基本假设为基础，然后对各项假设条件加以放松，从而发展出各种不同的模型。

（1）固定样本模型。该模型对工作寻访问题考虑的重点，一方面在于寻访数量的确定，另一方面在于企业样本的选择。当增加寻访样本的时候，既会增加成本，也会更加了解企业的工资分布，而且其中含有高工资企业的可能性就越大，提高收入的可能性也越大。当增加一个寻访企业的边际成本等于边际收益时，便确定了理想的寻访数量。

（2）阿尔布拉切特 - 阿克塞尔模型。阿尔布拉切特 - 阿克塞尔模型（Albrecht & Axell，1984）假定失业者是异质的，且工资的分布是离散的。然而该模型假设企业在设定工资时并不考虑公认的具体策略，只根据空缺职位的情况设置工资水平。劳动者被分为低闲暇价值和高闲暇价值两种类型，二者在劳动力市场中的比例是已知的，低闲暇价值者接受较低的保留工资，而高闲暇价值者接受较高的保留工资；同时，企业也分为工资水平较低和工资水平较高两种类型，二者的比例也是已知的。企业的生产函数为劳动力供给的线性生产函数，生产率指数在［0，1］分布。个体追求一生期望效用最大化，而企业则追求利润最大化。这里就可以发现其模型设定中存在的局限性，因为企业的生产函数被设定为劳动力供给的生产函数，那么就是把劳动力作为唯一的生产要素进行考虑。同时，模型假设企业是永存的，并且没有考虑跳槽、解雇等工作转换的情况。

（3）序列寻访模型。由于固定样本模型没有对寻访时间进行考察，麦肯纳（Mckenna，1985，1987）提出了序列寻访模型以求改进，该模型讨论了在确定了预期工资之后，求职投入与收益之间的关系。该模型中，寻找工作需要经历以下过程：首先，选取“样本”，确定工作的基本方向，比如单位性质、岗位类型和所在的地区等；然后，需要确定寻访的数量。寻访数量包括两层含义，寻访密度和寻访广度，前者指一定时间内的寻访次数，后者指允许寻访的时间长度。寻访数量取决于寻访的收益和成本。

假设市场中工资的概率分布函数为 $p(w)$，如图 2－5 所示。p 表示求职者获得工资为 w 的工作的概率，b 表示求职者的保留工资，p_b 表示求职者获得保留工资的概率，W_{max} 表示市场中最高的工资水平。由于信息不充分，求职者并不知道市场中哪一家企业提供的工资为 W_{max}，于是将发生工作搜寻行为。由于 $p(w)$ 为市场中工资的概率，假设其为离散函数，那么求职者随机抽取某一企业进行寻访时，其工资报价的概率也为 $p(w)$，设求职者有能力获得的工作机会中，最高工资水平为 q，则求职者实际能够获得工资的期望为：

$$E(w) = \sum_{i=1}^{q} [w_i p(w = w_i)] \quad \cdots\cdots\cdots\cdots\cdots\cdots (2.1)$$

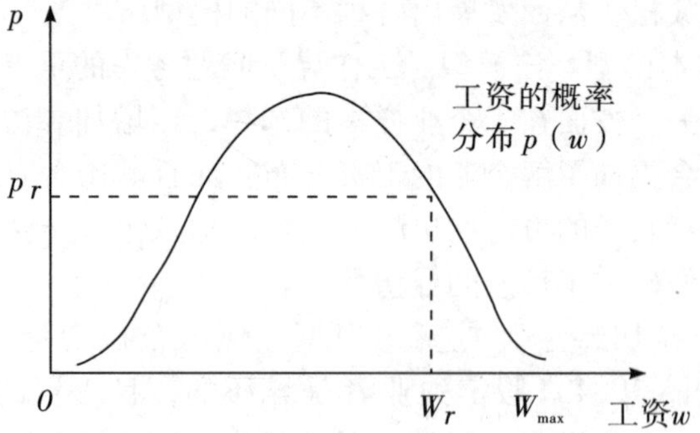

图 2－5　市场中的工资分布

求职者最关心的是工资最大化，令 $E(W_{max} \mid n)$ 为样本量为 n 时最高工资的期望，n 越大，$E(W_{max} \mid n)$ 也越大，当 n 趋近于无限大时，工资期望会不断接近市场最高工资。

但在增加样本量 n 的同时也会增加搜寻成本，当 n 大于某一值时，收益的期望会开始下降。当求职者多增加一个寻访企业时所产生的边际成本等于边际收益时，求职者就会停止搜寻，这时的寻访数量就是最优的，边际搜寻成本为：$c = E(W_{max} \mid n) - E(W_{max} \mid n-1)$，寻访总成本曲线的斜率等于最高期望工资曲线的斜率时，即是理想的寻访数量（见图 2－6）。

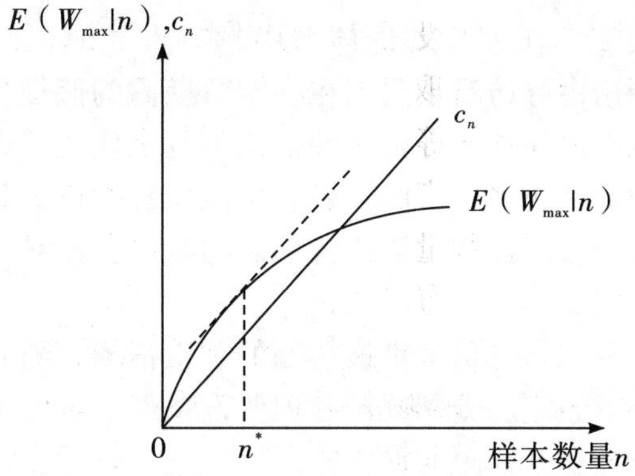

图 2-6　理想的寻访数量

随着寻访成本从 c_0 上升到 c_1，理想的寻访数量将从 n_0^* 下降到 n_1^*，如图 2-7 所示。而随着市场工资水平从 E_0（W_{max} | n）下降到 E_1（W_{max} | n），理想的寻访数量将从 n_0^* 下降到 n_1^*（见图 2-8）。

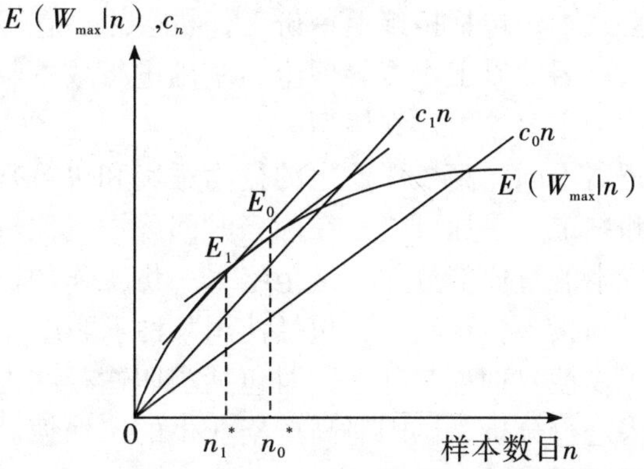

图 2-7　寻访成本提高后理想寻访数量的变化

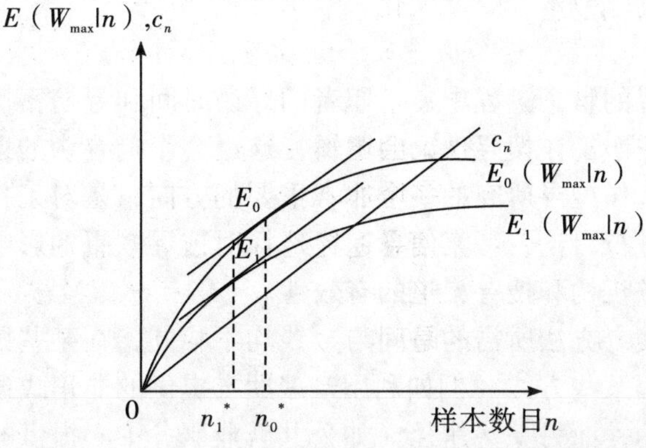

图 2-8　市场工资水平下降时理想寻访数量的变化

序列寻访模型在工作搜寻理论体系中具有重要地位，它加入了时间因素，放松了从前理论中寻访活动限制在一定时期内的假设，这样可以有益于理解长期失业的原因。在这一理论模型框架下对工作找寻进行分析，在单位时间中寻访的企业数量越多，求职者越有可能发现提供更高工资的单位，当工资水平超过了求职者的预期工资或者求职者认为已经足够高了，工作找寻过程便会结束。

序列寻访模型是工作寻访理论最核心的理论框架，随后的模型基本上是根据这个模型的基本假定，分别放松各项假设条件，进而发展出来更加丰富的理论模型。

3. 高校毕业生劳动力市场中的工作搜寻行为

高校毕业生在求职阶段会尽一切努力以期获得更加满意的工作，从多重维度搜集工作信息，争取工作机会。

在传统的工作搜寻理论中，核心逻辑是搜寻工作时边际成本与边际收益的权衡，而边际成本的主要来源除了直接的金钱付出，更重要的是继续投入工作搜寻时的机会成本，包括拒绝上一份工作机会之后在下一个时间段中的未获得的工资收入。因此以工作搜寻理论为基础进行成本收益分析时，可以用时间或寻访数量为主要参数建立模型。

但是与上述逻辑不同，高校毕业生的行为逻辑和决策判断并不一定是在时间维度上比较和判定，更加可能是在同一时间段中，比较各项工作机会的成本和收益，而成本的重要部分并不是拒绝另一份工作的机会成本，而是在搜寻时的金钱和时间投入，这其中也包括使用某种求职途径带来的成本。

本研究将在工作搜寻理论基础上，对包括求职途径在内的高校毕业生求职行为和求职结果进行分析，试图对高校毕业生的工作搜寻行为在传统工作搜寻理论的框架下进行突破和补充。

二、文献综述

在工作搜寻的整个过程中，求职者的寻访时间和寻访密度均会受到信息质量的影响，按照工作搜寻理论的逻辑，这也会影响寻访的边际成本和边际收益。因此，工作搜寻研究的一个非常重要的方向，是对工作搜寻过程中不同的搜寻方法进行讨论，考察信息途径选择对搜寻效果的影响，并以此认识劳动力市场服务机构和搜寻渠道的有效性。

各种工作搜寻方法所需的时间与金钱均不相同，在某些国家和地区的劳动力市场中使用某些方式（例如利用亲戚朋友提供的非正式搜寻途径）可能较容易取得成功，而另一些途径（如公共就业服务中心提供的途径）的效果则可能不甚理想。在学术研究中，研究者所持的前提假设也各不相同，大多数研究认为正式途径是正规的方法，借助亲戚朋友作为中介力量是不正规的方法，是为前种方式提供补充帮助的途径；也有研究者（Weber & Mahringer, 2008）认为，传统的求职方法就是通过熟人介绍，而政府机构提供的公共就业服务所起的作用只是辅助前种方法，为那些缺乏社会关系的弱势群体，在他们无法通过熟人介绍工作时提供帮助。无论如何，同等对待各种搜寻方式所需的搜寻密度和时间，是不合理的研究假设，很多实证研究对求职途径进行了考察。

（一）求职途径的影响因素

1. 人力资本对求职途径的影响

波茨（Ports，1993）发现，从1970年到1992年期间，使用报纸广告作为求职信息来源的比例逐渐升高，而使用劳务中介求职的比例逐渐降低。研究者认为导致这一现象的原因在于那一时期人们的受教育水平有所提高。班纳杰和布奇（Banerjee & Bucci，1995）关注了发展中国家的在职搜寻问题，他们运用二分对数单位（Logistic）模型，分析了印度的城市移民工作搜寻的决定因素。他们把搜寻的潜在回报、受教育程度、工作年限、就业部门、年龄、婚姻状况、所在城市、出生地等作为解释变量，由此得出的主要结论与英、美等发达国家的在职搜寻颇为相似：在其他条件相同的情况下，年龄越小、工作年限越短、受教育程度越高的个体，以及在公共部门之外任职，其进行在职搜寻的可能性越大。该项研究的样本中，移民中的大多数人是通过非正规的求职方式进行工作搜寻，特别是通过亲戚朋友的途径。

吉麦罗和班托利拉（Jimeno & Bentolila，1998）的研究表明，学历高低对于求职途径的选择有显著影响，学历越低越可能动用社会关系搜寻工作。而Smith（2000）的研究发现求职者的性别和学历与是否选择非正式求职途径有关。与女性相比，男性更倾向于通过社会关系网络搜寻工作；学历越高、受教育年限越长的求职者，越不倾向使用社会关系网络搜寻工作。

Mau & Kopischke（2001）的研究发现，投寄简历（这篇研究中的“投寄简历”方式，指高校毕业生从新闻广告中选取感兴趣的工作，然后按照广告的要求向应聘单位投寄简历）是已经获得了工作的高校毕业生最常使用的方法，由此，研究者认为，在受教育水平较高的群体中，正式途径是更受求职者青睐的首选方式。这主要由于高校毕业生更倾向于寻找专业性较强的工作或者技术性的岗位，而对于这样的工作，其聘用过程和筛选环节往往较为规范和正式。

Strobl在2002年对手工业市场进行研究，发现通过正式途径求职的求职者比通过非正式途径求职的求职者的平均受教育年限高 1.3 年，认为雇主对于提供了更多信息的求职者，降低了对其受教育水平的要求。

赵延东（2003）讨论了下岗职工求职渠道选择的影响因素，结果表明，人力资本越高，选择通过人才招聘市场求职方式的可能性越大；社会资本越高，通过社会关系网络找工作的可能性越大。李锋亮（2004）利用一项全国范围的高校毕业生调查数据进行研究，试图验证在信息不对称的劳动力市场中，雇主是否会因为求职者提供了更充分的个人信息而放宽对求职者的学历要求。结果显示，在中国的高校毕业生就业市场中，雇主并不对通过非正式求职途径（父母、亲戚或朋友介绍）搜寻工作的求职者放宽学历要求，也不因为雇主缺乏对求职者的了解而更多地依据学历做出聘用决策。

陆德梅（2005）的研究分析了劳动者在工作转换时如何选择求职途径，发现与人力资本较低的求职者相比，高人力资本求职者对社会网络的依赖性较小。钟云华（2008）采用问卷调查所得的数据进行研究，结果发现，不管在信息收集阶段还是在求职进行阶段，潜在帮助者人数、本人专业、是否为党员、是否为学生会干部以及父亲是否为主要领导干部这五个因素对选择非正式的求职途径有显著正影响，学历层次对选择非正式的求职途径有显著负影响，而学习成绩、是否通过英语四六级、有无工作经验和性别对求职途径的选择没有显著影响。

孟大虎等 2011 年的研究利用高校毕业生抽样调查数据，分析人力资本特征和社会资本特征对高校毕业生求职途径选择的影响，结果发现，人力资本越高，选择校内招聘会作为求职途径的可能性越大；人力资本越低，选择家人或亲朋作为求职途径的可能性越大。而考察社会资本变量对求职途径的影响发现，亲戚越多，越可能选择家人或亲朋这一求职途径；朋友越多，选择社会招聘会的概率越大；熟人数量对选择社会招聘会、学校就业指导中心和社会实践这三种求职方式均有显著的正向影响。

胡平等（2007）根据下岗再就业调查资料，运用统计模型检验人力资本、社会资本、客观家庭负担和主观期望等因素对求职途径的选择影响。该研究将就业途径划分为“正规”和“非正规”两个大类。结果显示，失业者学历越高、求职时拜年网中亲密关系比例越高、帮助者职业地位越高以及补贴越低，则越倾向于通过非正规途径求职。

随着信息技术的不断进步，网络应用逐渐普及，越来越多的求职者改变了传统的工作搜寻方式，逐渐开始使用网络来搜寻工作。Kuhn 和 Skuterud（2004）及 Fountain（2005）对网络求职途径的使用状况进行了研究，发现 1994 年美国仅有 15% 的失业人员使用网络搜寻工作，而到了 1998 年这一数字增加到 50%；利用网络求职的劳动者的人力资本相对较高，教育程度多数在大学本科以上；与低收入群体相比，高收入群体更有可能通过网络寻找工作。

总而言之，对受教育情况与工作搜寻之间关系进行的研究显示，除了少数例外，绝大部分的研究都认为，受到过高等教育的求职者会更倾向于使用正式途径。尽管个人受教育程度越高越有可能使用正式途径，但是使用正式途径和非正式途径之后，所能带来的求职效率孰高孰低，仍是有争议的问题。

2. 家庭背景因素对求职途径的影响

社会网络是劳动力市场中重要的信息来源，现实经验和实证研究都曾提供证据说明许多劳动者是通过亲朋好友找到工作的。早在20世纪60年代就有学者Rees（1966）发现，大多数工作的获得过程中都存在朋友或亲戚作为中间介绍人。1970年至1971年度，美国15%的失业人员是通过亲戚和熟人等社会关系网络找到工作的，1991年至1992年度，这一比例增加到23%。Rees（1966）和Granovetter（1995）早期开创性的研究显示，相当多的在职人员都曾通过私人关系获取过职位信息。Franzen和Hangartner（2006）的研究显示约有44%的美国工人和34%的德国工人通过社会网络找到工作。非正式途径在工作搜寻过程中被广泛使用，使得学者们也不断对社会网络和非正式途径对于劳动力市场产出的关系进行研究。

格兰诺维特的研究结果揭示了在工作搜寻过程中，弱关系（相识的人）比强关系（朋友和亲戚）发挥了更重要的作用。强关系往往会为求职者提供其本人就能够获得的重复的信息，而弱关系提供的信息往往是求职者本人未能掌握的信息，因此其对求职者的工作搜寻提供了更为重要的帮助和支持（Granovetter，1974，1983；Yakubovich，2005）。但是，尽管弱关系能为求职者提供更重要的工作信息，求职者仍然更愿意使用强关系，因为亲戚和朋友更乐意提供帮助，而且信息更容易获得（Granovetter，1983）。这一发现随后也被Wegener（1991）的研究进一步支持。

Montgomery（1992）利用一种不同的视角进行研究。他使用并推进了Bridges和Villemez（1986）的工作搜寻模型，发现社会关系的"连接强度"并不是社会资本的一个重要衡量维度。研究发现，由于求职者缺乏关于空缺职位的完整的信息，他们必须依靠从各种渠道获取的信息来加以分析，这其中包括正式途径，也包括非正式途径。经济学家总是将工作搜寻进行概念化，将此行为视为从一批工资出价的分布中随机抽取出某一个或一系列工资出价的行为。研究同样发现，即便在经济模型中，也有关于弱关系作用的假设的支持证据，他认为不仅社会关系的连接强度是重要的，社会网络的结构也是值得关注的。

Boutte（2006）使用调查数据发现，社会网络的结构会影响个人是否选择网络关系作为求职途径，具体而言，社会网络中，“弱连接”关系的比例越高，求职者使用个人联系进行求职的可能性越大；该研究同时发现，求职方式并不受个人特征所影响，但是与个人所处的环境有关。

许多研究发现，失业人员会使用丰富多样的求职途径以期返回劳动力市场，而且大部分失业者会采取非正式的途径。在标准局部工作搜寻模型（Standard Partial Job Search Model）中，失业者们会采用一种普遍统一的搜寻渠道，并会付出最大的努力，同时设定一个保留工资水平，以使效用最大化（Mortensen，1986）。保留工资决定了停止工作搜寻的时机，当接受某一工作机会时能够获得的收益等于继续进行搜索需要付出的成本，这一成本即继续待业所造成的机会成本的损失，这一机会成本等于保留工资，因此求职者会考虑接受那些薪酬高于他们保留工资的工作机会。在对采用多种求职途径的工作搜寻过程进行分析时，首先需要假设，某一种渠道能够带来的可能的工作搜寻效率和可能产生的有效的工作机会决定了人们是否选择这种渠道以及进一步的努力。

Mouw（2003）详细地考察了求职者的社会网络特征与非正式求职途径的使用情况之间的关系，该研究使用在相似行业中朋友的比例作为衡量社会网络的“质量”，然而，并未发现社会网络的“质量”对非正式求职途径的使用具有正向影响。

豪泽尔（Holzer，1996）则认为，从雇主的角度而言，求职者劳动生产力的真实情况，若有本公司现有雇员的推荐，则其可信度比直接求职者的可信度更高。

陆德梅（2005）曾就社会结构性因素对求职行为的影响进行了总结，认为求职者在求职时，求职动机不仅表现为对真诚、赞同、信任等非经济收益的追求，而且表现为求职者在职业流动过程中时刻受到社会结构性因素，特别是社会关系网络的影响。第一，社会关系网络的影响表现为社会网络决定了职业流动者所能接触的社会成员的数量，数量越大，求职者可能接触到的信息就越多，而且信息不重复的可能性也越大，这不仅有助于求职者形成对工作的恰当预期，指导求职者在求职过程中采取更为恰当的行动（如提供更加对口和匹配的简历），还可以减少就业后的工作转换频率。第二，社会网络中成员地位的高低还直接影响到求职者所能动用的影响。实证研究表明，广泛的社会网络意味着求职者可能从中认识到社会地位更高的联系人，通过他们接触到自己所接触不到的资源，并由此提高自己的收入和职位获得的概率（Granovetter，1995）。第三，通过社会网络，求职者还可以获得其他社会责任或义务的帮助，因为社会网络中的“强关系”往往意味着相应的责任和义务（Bian，1997），影响（或反映）工作场所的社会整合或社会凝聚。第四，社会网络还可以降低求职者和工作岗位进行匹配的成本（Holzer，1987）。

Bian（1997）在关于城市居民求职行为的研究中发现，人们的确倾向于通过关系网络获得工作。边燕杰和张文宏（2001）研究了社会网络对职业流动的作用，发现中国在经济转轨时期，多数的职业流动者都是依靠强关系来实现工作转换的。

这些研究都表明，对于成本—收益的考虑会影响求职者对求职途径的选择，因此，假如社会网络确实能够为求职者提供更为有效的信息，那么这些拥有更广泛社会网络的个人其实能够享受到非正式途径带来的更高的效率，并且依此调整其在求职过程中的具体行为和策略。

（二）求职行为与策略对求职结果的影响

1. 求职途径与求职结果

对个人社会网络即工作找寻关系的重要起源的社会学研究是格兰诺维特（1974）的工作，他研究了社会联系对工作搜寻的影响。该研究为之后的关于工作信息在社会网络中的传递机制的讨论提供了重要的社会学研究基础。格兰诺维特发现，决定劳动者与其工作岗位匹配的不是市场调节，而是非正式的社会联系，个人的直接接触和联络是人们获得工作信息的最重要的方式，大多数情况下人们只有借助于一些“非市场”或非正式的途径才可能实现信息的传递，并最终使求职者与工作岗位相匹配；并且，与那些通过正式的求职方式获得工作的个人相比，前者往往也会拥有更丰厚的薪水和更高的工作满意度。他同时发现，与亲戚或朋友相比，“相识的人”提供的工作信息对求职者而言更有价值。然而在他的研究中，以上结论在统计上只对从事白领工作的男性白人群体而言意义显著。

求职途径对求职结果产生影响的方式，首先是能够导致求职者接触到的工资分布不同，其次是接触到的职业特征不同。此外，不同的求职途径会有不同的成本和收益。从雇主的角度进行考察，Roper（1988）发现，采取不同的招聘策略，会导致本单位中空缺职位和工作申请之间不同的动态变化。

Reid（1972）对新晋职员的研究发现，求职者更有可能使用非正式途径，因为他们期望依靠自己的力量；而求职中介所要求的烦冗手续似乎是妨碍求职者使用这种途径的主要原因。该研究发现正式途径和非正式途径的效果并没有显著的差异。

Sagen，Dallam 和 Laverty（1999）特别关注了高校毕业生的求职努力，他们考察了不同专业的高校毕业生在求职过程中使用的工作搜寻方法的效果，发现通过就业分配办公室进行的人员分配方式是对大多数个人而言最有效率的方法。然而，直接对高校毕业生进行调查发现，对所有人而言，非正式的求职途径是效率最高的方式。有两个研究（Bortnick & Ports，1992；Green，et al.，1999）认为直接去公司求职是最有效的方法，该研究则认为这种方法是效率最低的求职方式。但是该研究的局限在于，其研究样本仅在一个时间点取自一个大学。

Albrecht 和 Ours（2001）利用荷兰的一项调查数据，对公司招聘员工的环节进行了分析，将通过学校、职业介绍所和广告等公开招聘方式归为正式途径，而将公司内部招聘、雇主亲朋担保以及猎头公司推荐的方式划为非正式途径。显然通过正式途径的招聘中，信息不对称的情况更加严重，而通过非正式途径招聘提供的信息更为充足，雇主可以更加充分地了解求职者，则会放宽对这部分求职者受教育水平的要求。实证结果发现，在 126 位通过非正式途径求职成功的个体中，有 30 名求职者的教育程度低于岗位要求的教育水平，占到 24%；而在 318 名通过正式途径应聘成功的求职者中，有 42 名求职者的教育程度低于岗位要求的教育水平，占比 13%。可见，通过非正式途径求职的破格录取比例比通过正式途径破格录取的比例高 11 个百分点，作者将这一结果进行了统计分析，发现在统计上此差异显著。

Bortnick 和 Ports（1992）使用现代人口调查数据（the Current Population Survey，CPS）发现对于求职者而言，直接向雇主发出求职申请是所有的求职策略中最为普遍的方式，尽管如此，这种方式并不是一个人获得工作的最有效的方法。与目前在此单位就职的某位职员相识，实际上才是应聘成功的最有效方法。

Green，Tigges 和 Diaz（1999）的研究发现了与 Bortnick 和 Ports（1992）相反的结论，前者的研究结果显示，从朋友或亲戚处获得信息是求职时最主要的途径，而使用这种方法对应聘后的薪酬的影响，对于白人和黑人而言并不相同。他们的研究使用针对亚特兰大、波士顿和洛杉矶这三大城市进行的“城市差距调查”（the Multi-City Study of Urban Inequality）数据，这是一项入户调查，且涵盖了少数族裔个案。那些能够从多样化的关系网络（指可以从亲戚、密友、同事和邻居等关系）获得信息的黑人更有可能获得报酬较低的工作，但是通过相似途径获得工作的白人却更有可能获得较高的薪水。一个可能的解释是，在特权群体或优势群体中，各成员所掌握的社会资本都较高，那么使用多样化的关系网络作为求职途径，则会巩固和强化优势群体的高水平的社会资本所能带来的高效益；相反的，在劣势群体中的情况则是各成员间的低水平社会资本的混合而已，所能产生的效果较差（Coleman，1988）。工作信息的来源也会对就业满意度产生影响。黑人获得的往往是那些来自于公司中较低职位的职员所提供的信息，而白人的信息提供者在公司中的阶层可能更高，这可能是影响最终就业满意度的原因。

对于求职者来说，非正式的求职行为所需要付出的成本更低，并且更有成效，能够带来更多的工作机会和关于工作的可靠信息。对于雇主而言，利用本单位雇员作为中间介绍人具有一定的益处，因为他们更为了解求职者，并且鉴于对自身在单位中的声誉和职业前景的考虑，作为雇员的介绍人往往不会向雇主上交十分不符合要求的求职者申请，因此这种介绍行为本身就成了一种便捷且便宜的筛选环节（Fernandez，et al.，2000）。

一些研究结果发现，通过公共职业服务机构寻找工作的求职者，收到的工作机会往往工资较低，且被拒绝的比例较高（Holzer，1988；Osberg，1993）。Weber（2008）认为，作为正式求职途径之一的公共职业服务机构所发挥的作用，是对通过个人关系求职的非正式途径的补充，这种服务的目的，就是为那些无法依靠个人关系寻找工作的人们提供支持。

一些求职者在对工资分布没有明确认识时，可能会直接接触雇主而不求助于中介人，这种求职方式被称为“随机搜寻行为”（Kahn & Low，1990），这种搜寻方式产生的工作机会，拒绝率较高。利用媒体招聘广告和通过介绍人求职这两种求职方式，能够产生接受率更高的工作机会（Kuhn & Skuterud，2004）。

Koning，van den Berg 和 Ridder（1997）对正式途径和非正式途径进行了结构性的分析，利用被调查群体从失业状态转变为就业状态的速率作为被解释变量。研究结果并没有发现通过正式途径和非正式途径找到工作的求职者所获得的薪酬有显著的差别，却发现，对于通过非正式途径寻找工作的失业者而言，他们摆脱失业状态的速率会高于通过正式途径寻找工作的失业者。但是，用“朋友的数量”作为社会网络的指标时，该研究发现对于那些通过非正式途径寻找工作的失业者而言，他们的社会网络指标对摆脱失业状态的速率并没有显著影响。

有研究认为，无论是失业者的具体求职行为，还是求职行为的结果，都在很大程度上受到了个人的关系网络的影响，对于最终求职结果的作用，社会网络要比市场渠道更有效率。也有学者关注通过社会网络所传递的那部分信息的质量和有效性，发现组成社会网络的个体的特征决定了社会网络的有效生产力，而在一个社会网络中，每个人的受雇佣状况也与其他人有关（Calvo-Armengol & Jackson，2007）。

Caliendo 等（2011）使用德国失业人员的数据集进行分析，该数据集包括了大量求职者的工作搜寻行为的信息以及对社会关系网络的直接测量，可以详尽地观察到失业者的工作搜寻的步骤和进程，包括他们所使用的求职途径、搜寻强度以及保留工资，探讨了求职者的社会关系网络与工作搜寻行为之间的关系。研究结果证实了拥有更广泛社会网络的个人更多地使用非正式的搜寻渠道这样的预期，同时发现，社会网络广度和保留工资之间有正相关关系。该研究发现，个人的社会网络能够在求职过程中传递有效的信息，所以，那些拥有更丰富的社会网络的求职者能够通过诉诸非正式的求职途径而获得更高的搜寻效率。因此，通过工作搜寻理论可以推断出，拥有更广泛社会网络的求职者会更多地使用非正式的求职途径，这些求职者也更有可能设定了更高的保留工资。该研究中的社会网络指标包括亲密朋友的数量和与旧同事联系的频率。

Montgomery（1991）的研究表明，社会网络资源丰富的劳动者更容易被熟人推荐从而找到工作，并且获得更高的薪水。

一个早期经典的对工作搜寻手段及其效果的研究是豪泽尔（Holzer）于1988年进行的实证研究。该研究采用一组待业青年作为研究对象，这些青年在待业期间被多次调查，研究者发现工作搜寻手段的主要决定因素是相应的成本，包括花费在这种渠道上的金钱成本以及时间成本。Blau 和 Robins（1990）同样对工作搜寻手段和产出进行了探讨，该研究强调了失业期间进行工作搜寻以及在职搜寻两者行为的区别，但是因为他们没有观测采取某一特定求职途径所需付出的努力，该研究不能识别出究竟是不同的求职途径其本身的效力有差别而造成了不同的求职成功可能性，还是不同的人们对各种求职途径的差别使用带来了上述差别。之后，Weber 和 Mahringer（2008）进行了类似的研究，他们对澳大利亚的一批刚刚就职的新晋员工进行考察，在前述几项研究的基础之上，研究者发现，“联系朋友”是被最经常使用的途径，也是最有效的产生工作机会的方法。不仅如此，研究也发现某一求职途径的成功，在不同的人群之间具有异质性，比如受教育水平。尽管如此，很少有个人特征会影响非正式工作搜寻方式的成功概率，这说明，对非正式求职途径的广泛使用，取决于其本身具有很高的效率。然而，上述研究都没有分析社会网络指标和求职途径选择的相关性，Wahba 和 Zenou（2005）对此进行探讨。他们采用了“群体密度”作为社会联系网络范围的代理变量，使用从埃及劳动力市场中获得的横截面数据进行分析，结果发现，如果求职者的社会网络的群体密度较低或较高，通过亲朋好友成功找到工作的概率很高；而如果求职者的社会网络的群体密度处于中等水平，那么通过亲朋好友成功找到工作的概率较低，即通过亲友成功找到工作的概率对个人社会网络的群体密度呈 U 形分布。

有学者认为，组成社会网络的个体的特征决定了社会网络的有效生产力，而在一个社会网络中，每个人的受雇佣状况也会影响其他人的情况

（Calvo-Armengol & Jackson，2007）。

经济学研究中将个人的工资收入视为劳动者生产能力的函数，所以能够达到预期生产率的那些劳动者将得到市场均衡工资。然而，劳动生产率是求职者的潜在素质，雇主并没有条件完整地观测到求职者的这一综合素质。因此，一些西方学者认为，在求职过程中，社会网络的作用尤为重要，在这一逻辑之下，使用亲友途径求职，对求职结果可能会有积极的作用。

2. 求职策略与求职结果

豪泽尔（Holzer，1987，1988）在1981年美国长期跟踪调查（NLS）青年组的数据基础上，对16～23岁失业工人的工作搜寻行为进行了分析。他将五种搜寻方法进行了界定和区分：亲戚朋友、报纸广告、公共就业服务机构、直接向雇主提出求职申请和其他搜寻方法。豪泽尔发现，相对于其他三种方式，被调查者使用亲戚朋友和公共就业服务机构两种方式最为频繁，这两种途径能够最有效地产生工作聘约，通过这两种途径产生聘约之后，搜寻者接受聘约的比例也最高。豪泽尔还对搜寻决定因素和搜寻结果进行了考察。在其提出的模型中，搜寻密度是获得一项聘约的概率的函数，且反映搜寻的预期回报。至于个人搜寻层面，预期聘约与直接申请、报纸广告以及其他方法均呈现出正相关关系，而跟亲戚朋友和公共就业服务机构这两种工作搜寻方法却呈负相关。作者认为，正是因为亲戚朋友这一搜寻方法在使用成本方面相对其他途径而言较低，所以该方法能够得到合理的运用。相比之下，那些缺少就业机会的人则更倾向于求助公共就业服务机构。

布劳和罗宾斯（Blau & Robins，1990）根据1980年机会均等导向计划数据，分析比较了通过亲戚朋友收到工作聘约和接受聘约的比例，他们发现使用这种搜寻方法，单次产生的聘约数量最大，且聘约的平均接受率也最高。布劳和罗宾斯同时指出，利用公共就业服务机构的途径，在所有搜寻方法中所产生的聘约数量最少，对聘约的接受率也最低。

格雷格和沃兹福斯（Gregg & Wadsworth，1996）对英国1984年至1992年劳动力调查年度数据和1992年之后的劳动力调查季度数据进行的研究表明，约有70%的失业求职者通过职业介绍中心寻找工作，通过该途径实现的工作匹配占到工作匹配总量的20%。1992年的描述性统计数据表明，紧随亲戚朋友这种求职方式之后比较流行的求职方式是使用广告和职业介绍中心，其后是直接上门应聘、私人就业机构以及其他方法。这几种途径也是成功率最高的求职方法。格雷格和沃兹福斯对男性求职者进行的概率值（Probit）分析表明：直接上门应聘、通过广告和通过职业介绍中心这三种方法的有效使用，显著地提高了失业人员求职成功的概率。与其他方法相比，职业介绍中心提高求职者脱离失业的平均概率更为显著。

Blanchard 和 Portugal（2001）对葡萄牙低失业率和高长期就业率的相关性进行了研究，并把这归因于严厉的就业保护立法。研究认为，劳动力的低流动性主要是由葡萄牙严格的就业保护立法导致的，劳动力低流动性又限制了工作搜寻途径的发展，这其中就包含公共就业服务机构的发展。研究发现，公共就业服务成功率低，通过公共就业服务机构找到的工作持久性较差，工作的报酬也比较低；通过该途径找到的工作，其对人力资本的回报率显著低于通过其他途径找到的工作。Boutte（2006）发现，个人选择的求职途径并不影响个人留在岗位中的时间长短。

（三）研究启示

通过对先前研究的梳理及文献综述可以发现，人口特征、人力资本以及社会资本变量对求职途径的选择具有重要的影响。

第一，求职者的人力资本和社会联系都对求职途径的选择具有显著影响，但是对二者的效果和重要性的认定却并不一致；第二，非正式的工作接触或社会关系的使用对求职结果的影响，研究结果也大相径庭；第三，很多对于求职结果的研究中，并没有将凝聚在求职途径中的个人特征剥离出来，仅将求职途径的使用视为随机变量，因此存在巨大的选择性偏差；第四，对我国高校毕业生的劳动力市场中求职途径的详尽研究并不多见。

国内外的相关研究大多侧重于对失业人员或在职跳槽人员的行为探讨，然而高校毕业生的求职行为特征与失业人员或在职跳槽人员的行为特征不同。一方面，高校毕业生与其他社会群体相比，具有年龄层较低、知识水平较高、缺乏工作经验、社会阅历较低等特点；另一方面，高校毕业生运用新科技和网络资源的能力较强，并拥有学校与用人单位提供专门求职信息的便捷条件。因此，高校毕业生与其他社会群体的求职行为特征并不相同。

以往关于劳动力市场的研究多关注个人特征对求职结果的影响，求职者具体求职行为的作用机制却没有得到足够重视。本研究则聚焦于这一关键的中间环节，以求职途径作为求职行为的核心现实体现，分析从个人特征到求职结果的“历程”中，求职行为所发挥的作用和机制，从而探讨求职途径在求职过程中的运行模式，以及对最终求职结果的影响。

第三章　研究设计

一、主要概念界定

（一）亲友途径和正式途径

为了成功地找到理想的工作，高校毕业生往往会积极地利用各种可能的途径进行求职。其中，通过某些途径所传播的信息，其公开程度十分广泛，比如广告、网络和学校就业指导中心公布的信息。只要求职者愿意去获取这部分信息，就一定能够通过那些公开的途径得到相关资讯，不需要付出额外的成本或精力，也不需要特定的社会资本或地位。通过这种途径传播的工作信息，无论由谁获取，其信息含量完全相同。我们称这一类信息渠道为“正式的求职途径”，简称“正式途径”。

相对的，某些信息并不广泛公开，需要付出额外的成本，或具有一定的社会经济地位或社会关系才能获得，且这些途径的使用过程中，需要一定程度的关系和影响力的参与，我们称这一类求职途径为“非正式的求职途径”，简称“非正式途径”。

在调查问卷中，相应问题是，“如果您已经获得工作，所用信息途径的主要来源是以上哪一选项？”备选答案共分为10种，包括：①学校（院系）就业指导机构发布的需求信息。②从企业得到的招聘广告。③在人才洽谈会获得的信息。④父母、亲戚介绍的信息。⑤网络招聘信息。⑥从职业介绍机构获得的信息。⑦专门性的人才招聘信息刊物。⑧新闻媒介的招聘广告。⑨朋友、熟人介绍的信息。⑩实习单位提供的信息。

其中，求职途径为“实习单位”的被调查者占清洗后样本的4.2%，而前九种途径均可依据信息公开程度和获取难度进行划分。但是对于“实习单位”的信息途径而言，由于参加实习是在校期间的行为，且参与实习的目的多种多样，根据经验和以往研究可以总结为以下几点：第一，增加社会经验，加深对不同行业和职业的了解，从而提高对自身特点和社会现实的认识，在进行职业规划时更加理性，在最终择业时更加具有针对性；第二，希望自己的实习经历能够提高职业能力，并同时反映在简历上，以提高求职的成功率，帮助自己顺利地找到理想的工作；第三，出于经济收入的考虑，补贴在读期间的生活费用；第四，已明确求职意向，于是参加相应单位的实习项目，以便毕业后留在该单位或相关行业工作；第五，也有部分没有明确理由的学生受到同伴效应的影响而参加实习，即周围较多同学在校期间实习，自己也受到了带动而去实习；第六，一些学校或专业要求在校生进行实习，并且实习时间被计算进必修学分，比如大部分的专科学校强调实际操作过程中的学习，因此在课程设置中，实习时间与学校课程时间的比例相当，而对于一些工科专业来说，高校毕业生的主要求职途径便是留在实习的单位。

单位给在校生提供实习机会时的目的也不同，有些用人单位的招聘范围比较集中，因此在高校招收实习生，以提前进行人才筛选，在学生毕业时直接留用；有些单位将实习生当作临时劳动力进行使用，以降低单位运行过程中的人员经费，或在某一工作量较大的时段临时开展实习生项目；还有一些单位可能仅仅将实习生项目作为企业宣传的手段。因此，不同的单位在不同的目的背后，对实习生的最终聘用策略也不相同，有些单位会直接留用优秀的实习生，有些单位并不会在实习生中挑选员工而是按照规范的招聘环节面向社会招聘。

综上所述，学生在最初决定参加实习的时候，对于实习经历的诉求和期待不同，具有较强的主观选择性；同时，最终通过实习单位获得的求职信息的排他性也不相同，因此，本研究在对求职途径进行划分时，将不对“实习单位提供的信息”进行考察，仅对前9种求职途径进行探讨。

有效样本中，已确定单位者所选的求职途径的比例由高到低依次排列为：①学校（院系）就业指导机构发布的需求信息，占35.7%。②网络招聘信息，占28.5%。③父母、亲戚介绍的信息，占8.9%。④朋友、熟人介绍的信息，占8.4%。⑤从企业得到的招聘广告，占8.0%。⑥在人才洽谈会获得的信息，占5.1%。⑦专门性的人才招聘信息刊物，占2.4%。⑧从职业介绍机构获得的信息，占1.7%。⑨新闻媒介的招聘广告，占1.4%。

按照上述求职途径界定方法，将以上9种途径划分为正式途径与非正式途径。正式途径包括：学校（院系）就业指导机构发布的需求信息、网络招聘信息、在人才洽谈会获得的信息、专门性的人才招聘信息刊物、从企业得到的招聘广告、从职业介绍机构获得的信息以及新闻媒介的招聘广告。相对的，非正式途径包括：父母、亲戚介绍的信息，朋友、熟人介绍的信息。由于本研究中非正式途径的构成即为亲人和朋友，为了便于理解和与现实意义结合，将这种求职途径命名为“亲友途径”。

找到工作的高校毕业生的有效样本中，通过正式途径和通过亲友途径的高校毕业生所占的比例分别为82.7%和17.3%。

各种求职途径的个案频率及所占百分比如表3-1所示。

表3-1　高校毕业生的求职途径使用情况

求职途径		个案频数	百分比/%
正式途径		3 830	82.7
	学校（院系）就业指导机构发布的需求信息	1 653	35.7
	网络招聘信息	1 320	28.5
	从企业得到的招聘广告	369	8.0
	在人才洽谈会获得的信息	234	5.1
	专门性的人才招聘信息刊物	109	2.4
	从职业介绍机构获得的信息	81	1.7
	新闻媒介的招聘广告	64	1.4
亲友途径		800	17.3
	父母、亲戚介绍的信息	411	8.9
	朋友、熟人介绍的信息	389	8.4
合　计		4 630	100

生成“亲友途径”的虚拟变量，以“正式途径”为基准，如果高校毕业生通过亲友途径找到工作，则$Y=1$；通过正式途径找到工作，则$Y=0$。

按照学历层次和家庭背景水平将高校毕业生分组进行考察，如表3-2所示，学历较低的高校毕业生中使用亲友途径的比例更高，比全部个案的数值高接近12个百分点；而家庭背景水平较高的高校毕业生使用亲友途径的比例也更高。

表3-2　不同类型高校毕业生使用亲友途径的情况

高校毕业生类型		使用亲友途径的比例/%
全部个案		17.3
学历层次	硕　士	8.6
	本　科	14.3
	专　科	29.2
家庭背景水平	较　高	27.5
	中　等	20.3
	较　低	12.8

（二）亲友途径使用强度

本研究关注高校毕业生使用亲友途径和正式途径的影响因素及其对求职结果的影响，上一节中提及的“亲友途径”和“正式途径”指高校毕业生已经确定的那份工作所使用的求职途径；但是高校毕业生在求职时为了找到更加满意的工作，可能会同时使用多种途径，然而对于不同途径的使用强度并不相同。

为了探讨某种求职途径使用强度的影响因素和对高校毕业生求职结果的影响，调查问卷对相应问题设置了量表：“您使用下列获得工作的相关信息途径的情况”，其中，对各种途径的使用情况设置了4个强度等级，分别为“经常使用”“比较常用”“不太常用”和“从没用过”，对各自的强度得分分别赋值为3、2、1和0。具体量表请参看本书附录的问卷。

高校毕业生对各种求职途径的使用情况见表3－3。高校毕业生进行求职时，仍然最主要依赖学校（院系）的就业指导机构，其次是网络招聘的途径。同时，对亲友途径的使用情况居中，在“经常使用”的途径排序中，“朋友、熟人”途径排在第4位，“父母、亲戚”途径排在第6位。

表3－3 高校毕业生求职途径使用情况

经常使用位序	求职途径	经常使用/%（3分）	比较常用/%（2分）	不太常用/%（1分）	从没用过/%（0分）	合计/%
1	学校（院系）就业指导机构	45.6	34.0	17.6	2.8	100
2	网络招聘	43.2	40.4	13.6	2.8	100
3	从企业得到的招聘广告	24.7	45.8	25.3	4.2	100
4	朋友、熟人	20.7	42.9	25.9	10.5	100
5	人才洽谈会	19.7	37.3	34.6	8.4	100
6	父母、亲戚	18.0	33.3	32.3	16.4	100
7	专门性的人才招聘信息刊物	17.4	31.4	32.5	18.7	100
8	职业介绍机构	16.7	31.1	34.9	17.3	100
9	新闻媒介	16.4	32.1	34.6	16.9	100

为了考察亲友途径的使用在高校毕业生整个求职过程中所占的比重，本研究将生成“亲友途径使用强度”变量。

首先将7种正式途径［学校（院系）就业指导机构、网络招聘、从企业得到的招聘广告、人才洽谈会、专门性的人才招聘信息刊物、职业介绍机构、新闻媒介］各自的得分相加，得到“正式途径使用强度总分”；将2种非正式途径（父母、亲戚以及朋友、熟人）的得分相加，得到“亲友途径使用强度总分”。

但是因为两种途径所涵盖的类别数量不同，因此再用各自的强度总分除以类别数量，即正式途径使用强度平均分 = 正式途径使用总分数 ÷7，亲友途径使用强度平均分 = 亲友途径使用总分数 ÷2，得到两种途径使用强度的平均分。

最后计算亲友途径使用强度的平均分在两种途径平均分综合中所占的比例，得到“亲友途径使用强度”，计算公式为：

$$p = \frac{H}{H+F} \times 100\% \qquad (3.1)$$

$$H = \frac{\sum C_H}{2} \qquad (3.2)$$

$$F = \frac{\sum C_F}{7} \qquad (3.3)$$

式中：H 为亲友途径使用强度平均分，F 为正式途径使用强度平均分；C_H 为亲友途径中2项途径（父母、亲戚以及朋友、熟人）的使用情况得分，C_F 为正式途径中7项途径的使用情况得分。

从亲友途径使用强度的推算过程和表达式可以发现，“亲友途径使用强度”表示在整个求职过程中，高校毕业生对亲友途径的使用强度，并非仅仅针对最终找到的那份工作，而是反映高校毕业生在整个求职过程中的付出和努力；同时，“亲友途径使用强度”并不是一个绝对值，而是一个比值，是考虑了在正式途径中同时进行努力时的相对值。

计算得到高校毕业生在整个求职过程中对亲友途径的使用强度，为取值为0到100%的连续变量，如表3－4所示，对于样本中的全部个案来说，高校毕业生使用亲友途径的强度的平均值为44.5%；分学历层次和家庭背景水平来看，学历越低的高校毕业生使用亲友途径的强度越高，家庭背景水平越高的高校毕业生使用亲友途径的强度越高。

表3－4 亲友途径使用强度的描述结果

毕业生类型		频 数	极小值	极大值/%	均值/%	标准差/%
全部个案		4 611	0	100	44.5	16.3
学历层次	硕 士	705	0	100	39.9	17.5
	本 科	2 709	0	100	43.2	17.1
	专 科	1 197	0	100	50.1	11.5

续上表

毕业生类型		频 数	极小值	极大值/%	均值/%	标准差/%
家庭背景水平	较 高	670	0	100	49.2	12.2
	中 等	1 258	0	100	47.3	14.4
	较 低	2 446	0	100	41.6	17.8

二、理论框架

本研究对相关理论进行梳理，如表3－5和表3－6所示，根据人力资本和社会资本理论，人力资本的投资能够提高个人收入，而使用社会资本很可能对高校毕业生的求职结果具有帮助，高校毕业生为了获得更理想的求职结果，会尽可能地使用社会资本寻求协助。但是在求职过程中，求职者是否会根据自己所拥有的人力资本水平而调整求职策略，以期付出最低成本，获得最高收益，以及是否会通过使用亲友途径这一具体行为使社会资本兑现，需要进行研究。因此，本研究将首先检验高校毕业生的人力资本和家庭背景对求职途径的影响，并考察亲友途径对高校毕业生起薪的作用。

在社会网络理论和企业绩效理论关系视角的推导下，企业可能有充分的动机雇佣那些通过亲友途径找寻工作的求职者，使得这部分求职者在劳动力市场中比其他条件相同的求职者获得更多的工作机会。为了验证这一假设，本研究将探讨亲友途径对工作机会获得率的影响。

根据劳动力市场分割理论和社会分层理论，职业地位的获得也是衡量高校毕业生求职结果的重要标准。使用亲友途径可能会增强高校毕业生进入高收益劳动力市场的可能性，而父辈职业资源向子女的传递，也可能通过亲友途径得以更好地实现，职业代际传递的机制中，亲友途径可能发挥重要作用。因此本研究将考察使用亲友途径是否会促进职业地位的传递，使得社会分层越来越固定化。

最后，根据工作搜寻理论，求职者不断进行工作搜寻，只要预期收益大于边际成本就会继续搜寻，直到多寻找一份工作的预期收益等于边际成本，这里，机会成本主要为拒绝上一份工作机会之后，失业时间段中未获得的工资收入。因此，以工作搜寻理论为基础进行成本收益分析时，可以用时间或寻访数量为主要参数建立模型。然而，高校毕业生的行为逻辑和决策判断并不一定是在时间维度上比较和判定，更加可能是在同一时间段中，比较各项工作机会的成本和收益，而成本的重要部分并不是拒绝另一份工作的机会成本，而是搜寻过程中的金钱和时间投入，这其中也包括使用某种求职途径带来的成本，尤其是亲友途径的使用。在这样的设想之下，本研究将对高校毕业生求职途径和求职结果进行综合分析，试图对高校毕业生的工作搜寻行为在传统工作搜寻理论的框架下进行突破和补充。

表 3－5 求职途径问题相关的主要理论（上）

序 号	主要理论	能解释的问题	不能解释的问题	研究启示	相关研究设计
第一组	人力资本理论	人力资本的投资能够提高个人收入	在求职过程中，求职者是否会根据自己所拥有的人力资本水平而调整求职策略，以期付出最低成本，获得最高收益	1. 为了获得更理想的求职结果，高校毕业生根据自身拥有的人力资本和社会资本情况，在对二者预期作用的感知之上，对求职过程中的行为和策略进行调整； 2. 使用亲友途径能否补充人力资本的投资，是否会带来更高的起薪	A. 用高校毕业生的人力资本和社会资本主要来源（家庭背景）对求职途径做回归分析； B. 使用亲友途径对起薪做回归分析
	社会资本理论	使用社会资本很可能对高校毕业生的求职结果具有帮助，高校毕业生为了获得更理想的求职结果，会尽可能地使用社会资本寻求协助	既然高校毕业生会尽可能使用社会资本寻求协助，是否会通过使用亲友途径这一具体行为使社会资本兑现		

续上表

序　号	主要理论	能解释的问题	不能解释的问题	研究启示	相关研究设计
第二组	社会网络理论	为了找到理想的工作，高校毕业生在求职时会尽一切努力利用关系网络；个人加入新网络也将其他网络的资源带进新群体	拥有良好关系背景的高校毕业生是否更有动力去使用亲友途径求职，以及这样是否能够提高求职成功率	企业是否有充分的动机雇佣那些通过亲友途径找寻工作的求职者，使得这部分求职者在劳动力市场中比其他条件相同的求职者获得更多的工作机会	C. 用“亲友途径使用强度”对工作机会获得率做回归分析
	企业绩效理论的关系视角	企业需要适应环境，使自己在社会网络中的位置变得重要，降低道德风险和交易成本，最终提高绩效	企业是否会因为以上动机而有意雇佣使用亲友途径的高校毕业生		

表 3－6　求职途径问题相关的主要理论（下）

序　号	主要理论	能解释的问题	不能解释的问题	研究启示	相关研究设计
第三组	劳动力市场分割理论	拥有更高能力或更多资源的高校毕业生更可能进入高收益劳动力市场	使用亲友途径是否会增强高校毕业生进入高收益劳动力市场的可能性	职业地位获得也是衡量高校毕业生求职结果的重要标准。父辈职业资源向子女的传递，是否能够通过亲友途径得以更好地实现，职业代际传递的机制中，亲友途径发挥何种作用	D. 对职业代际传递过程中的亲友途径做中介效应和调节效应的显著性检验
	社会分层理论	在分层体系中，社会经济地位是有差别的，改进社会经济地位是个人不断努力的目标；社会的工业化程度越高，社会中的职业分化越大，社会地位流动越频繁	使用亲友途径是否会促进家庭社会经济地位的传递，使得社会分层越来越固定化		

续上表

序　号	主要理论	能解释的问题	不能解释的问题	研究启示	相关研究设计
第四组	工作搜寻理论	求职者不断进行工作搜寻，只要预期收益大于边际成本就会继续搜寻，直至多寻找一份工作的预期收益等于边际成本，机会成本主要为拒绝上一份工作机会之后，失业时间段中未获得的工资收入。因此以工作搜寻理论为基础进行成本收益分析时，可以用时间或寻访数量为主要参数建立模型	高校毕业生的行为逻辑和决策判断并不一定是在时间维度上比较和判定，更加可能是在同一时间段中，比较各项工作机会的成本和收益，而成本的重要部分并不是拒绝另一份工作的机会成本，而是在搜寻时的金钱和时间投入，这其中也包括使用某种求职途径带来的成本	对包括求职途径在内的高校毕业生求职行为和求职结果进行分析，试图对高校毕业生的工作搜寻行为在传统工作搜寻理论的框架下进行突破和补充	E. 对求职过程的整体分析，包括对亲友途径的使用进行强度分析

三、研究思路与研究设计

通过前文的文献梳理和理论分析，本书将使用实证研究方法，研究高校毕业生在求职过程中的行为策略。大部分对求职者特征和求职结果进行分析的研究，多将求职过程中的细节当作暗箱处理，本书将分析高校毕业生的具体求职行为。在众多可能影响高校毕业生求职途径的变量中，人力资本和家庭背景水平是本研究的关注对象。

假设如前人研究所示，高校毕业生的人力资本和家庭背景确实会对求职途径产生影响，则研究将继续检验这种作用是否会影响高校毕业生进入劳动力市场后的求职结果。对于求职结果的度量，本研究将首先考察高校毕业生在劳动力市场中的受接纳程度，引入“工作机会获得率”为指标，考察求职途径对高校毕业生找到工作的可能性的影响；之后，使用“起薪”数据，考察求职途径对高校毕业生初入职场时的待遇的影响。工作机会获得率反映了劳动力市场对高校毕业生的接纳情况，工作获得率越高的高校毕业生“找不到工作”的可能性更低，在劳动力市场中更受雇主欢迎。这样的高校毕业生有两种行为可能，一种是投发简历很少，获得工作机会数量也不多，但是与投发简历数量相比，比例较高；另一种是投发很多简历，也收获了数量可观的工作机会。对于这两种高校毕业生来说，前者的求职意向比较明确，针对性强，如果也如愿以偿地获得了数量相当的工作机会，则说明这些高校毕业生在目标范围内能够得到雇主的青睐，达到自己求职之初的预期目标，是比较成功和值得满意的求职策略与结果；而对于第二类高校毕业生，尽管投发简历的范围比较大，看似目标不够明确，但仍然能够获得较多工作机会，说明高校毕业生在劳动力市场中比较受欢迎，能够在较大范围内得到认可和接纳，并且在多项工作机会中挑选的余地更大，更容易最终找到满意的工作。因此，本研究对于“工作机会获得率”的价值定位是认为该值越高越好，从求职结果上看，拥有较高工作获得率的高校毕业生在劳动力市场中是相对成功的优势群体。

另一个重要的求职结果变量即职业，本研究将从职业代际传递的视角，分析求职途径对高校毕业生与父辈职业匹配和流动的特征。

本书研究框架如图 3－1 所示。

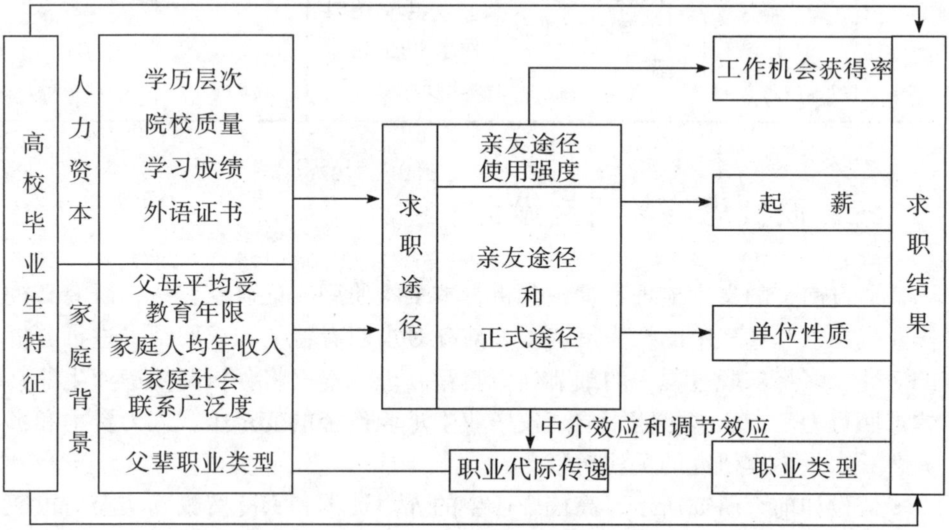

图 3－1　本书研究框架

四、样本介绍与变量说明

（一）样本介绍

北京大学教育学院继2003年、2005年、2007年、2009年和2011年对全国高校毕业生就业状况进行了问卷调查之后，于2013年6月进行了第六次大规模的问卷调查。

本次调查包括我国东、中、西部地区21个省市区的30所高校，东部地区包括北京、天津、河北、辽宁、江苏、浙江、山东、广东和海南等9个省市的11所高校；中部地区包括吉林、黑龙江、安徽、江西、河南和湖北等6个省份的7所高校；西部地区包括重庆、四川、云南、陕西、甘肃和宁夏等6个省市区的12所高校。其中985重点高校5所、211重点高校4所、一般本科院校9所、高职院校7所、民办高校2所、独立学院3所。每所高校根据毕业生学科和学历层次按一定比例发放500～1 000份问卷。调查共回收有效问卷15 060份。

本研究的核心变量是求职途径，因此不选入无“求职途径”变量的个案；筛选出“已确定工作单位”的个案组成新数据集。本研究的另一个核心变量是高校毕业生的受教育状况，最重要的衡量变量之一为高校毕业生的学历，在上述数据集中有博士生31名，由于博士毕业生的就业行业相对固定，求职目标较为明确，职业选择范围相对较窄，因此，他们的劳动力市场情况和求职行为与其他学历层次的高校毕业生差别较大；且上述子样本中的31名博士生在全体中仅占0.6%，并不具有代表性，因此本研究将不对博士毕业生的求职行为进行考察。对求职途径的研究最终需要落实到对求职结果的影响，因此对起薪变量进行清洗，根据常识和以往研究，将月薪低于等于300元和高于10万元的个案删除，之后使用SPSS软件（Statistical Product and Service Solutions，统计产品与服务解决方案软件）的“数据探索”功能，寻找极端值进行清洗，最终保留的月起薪在500元到2万元。其中，1万元到2万元的个案，均为北京大学、南开大学和哈尔滨工业大学的硕士毕业生，就业所在地均为北京、上海和天津，专业为软件工程、计算机和无线电，因此认为起薪与学历、专业和就业地情况相符，予以保留。最后，剔除“单位所在地”为海外的个案。经过以上处理之后，本研究的有效样本量为4 630。

（二）变量说明

本研究的核心概念为求职途径，围绕这一概念，从最初的途径选择到求职途径对求职结果的影响进行探讨，涉及的主要变量包括高校毕业生的人力资本情况、家庭背景状况和求职结果，以及一些重要的控制变量。

1. 人力资本变量

本研究中高校毕业生人力资本变量包括学历层次、院校类型、学习成绩和获外语类证书的情况。

（1）学历层次。问卷中对被调查者本人的学历情况设置了四个层次，分别为专科、本科、硕士和博士。将博士个案剔除之后，以“本科”为基准，生成“硕士”虚拟变量和“专科”虚拟变量。

（2）院校类型。由于被调查对象是高校毕业生，最低的学历层次为专科而没有未受教育的个案，无法有效区分被调查者的受教育水平，而在同一个学历层次中，毕业生接受教育的质量并不同质，主要依赖于不同学校的类型，因此本研究的另一个人力资本变量为院校类型。

本研究的有效样本中包括30所高校，其中，985重点高校5所、211重点高校4所、一般本科院校9所、高职院校7所、民办高校2所、独立学院3所。为了便于分析，根据不同院校类型所提供的教育质量，将以上几种类型的学校归为四大类，分别为“985与211重点院校”“一般本科院校”“高职高专院校”以及“民办院校与独立学院”。

以“一般本科院校”为基底，生成“985与211重点院校”虚拟变量、“高职高专院校”虚拟变量和“民办院校与独立学院”虚拟变量。

（3）学习成绩。高校毕业生在校期间的学习成绩分为前25%、中上25%、中下25%和后25%四个水平。其中，中上和中下的差异较小，同时为了便于回归结果的解释，将二者合并为“学习成绩中等50%”，以此为基底，生成“学习成绩前25%”虚拟变量和“学习成绩后25%”虚拟变量。

（4）获外语类证书。外语类证书作为高校毕业生学业成就的一个体现，也是用人单位对高校毕业生的重要参考要求，本研究也将获得外语类证书的情况作为人力资本的一个指标，生成虚拟变量，以“未获得外语类证书”为基底。

综上所述，高校毕业生人力资本变量情况如表3－7所示。

表3－7　高校毕业生人力资本变量情况

变　量	频　数	百分比/%	变　量	频　数	百分比/%
学历层次			**院校类型**		
专科	1 202	26.0	985与211重点院校	1 874	40.5
本科	2 721	58.8	一般本科院校	1 330	28.7
硕士	707	15.2	高职高专院校	1 099	23.7
学习成绩			民办院校与独立学院	326	7.1
前25%	1 568	34.0	**外语类证书**		
中等50%	2 837	61.4	获　得	3 518	77.3
后25%	213	4.6	未获得	1 031	22.7

2. 家庭背景变量

本研究中高校毕业生家庭背景变量包括父母平均受教育年限、家庭人均年收入水平和家庭社会联系广泛程度。

（1）父母平均受教育年限。问卷中对被调查者父母的学历情况设置了七个层次，分别为研究生或以上、大学本科、专科、高中或中专、初中、小学以及文盲或半文盲，由于分类较多，不便于研究结果的解释，因此本研究将高校毕业生父母的学历层次转换成年限，生成父母受教育年限的连续变量。

依据常规情况，认为文盲或半文盲的受教育年限为0年，小学受教育年限为6年，初中毕业生的受教育年限为9年，高中或中专为12年。根据《教育部关于以就业为导向　深化高等职业教育改革的若干意见》（教高〔2004〕1号），“要把高等职业教育的学制由三年逐步过渡为两年。……要从2004年入学的新生开始，实施两年制试点。今后，凡新批准设立的高等职业院校原则上都实行两年学制”[①]，由于本次被调查的高校毕业生的父母是在2004年之前入学，文件发布之前的专科学制设置应为3年，因此专科毕业的被调查者父亲和母亲的受教育年限为15年，大学本科毕业生的受教育年限为16年，研究生的受教育年限为19年。

将父亲和母亲的受教育程度转换成受教育年限，再计算平均值，作为家庭背景的衡量变量之一。

① 教育部关于以就业为导向　深化高等职业教育改革的若干意见[EB/OL]. http://old.moe.gov.cn/publicfiles/business/htmlfiles/moe/moe_737/200507/9969.html。

（2）家庭人均年收入水平。问卷中共提供了7个家庭人均年收入水平的选项，分别为：3 000元及以下；3 001～5 000元；5 001～10 000元；10 001～20 000元；20 001～50 000元；50 001～100 000元；100 001元及以上。各自所占比例如表3－8所示。

表3－8　家庭人均年收入分布情况

家庭人均年收入	个案频数	百分比/%
3 000元及以下	756	16.5
3 001～5 000元	810	17.7
5 001～10 000元	960	21.0
10 001～20 000元	741	16.1
20 001～50 000元	711	15.5
50 001～100 000元	416	9.1
100 001元及以上	186	4.1
合　计	4 580	100

各省（市、自治区）的家庭人均年收入情况见附录中的附表1和附表2。

①“低收入”水平。由于城镇和农村的居民收入来源不同，结构和水平也具有较大差别，不应混为一谈。

按照高校毕业生的生源所在地信息，划分为城镇生源和农村生源，依此对家庭人均年收入进行分别考虑。同时，各省（市、自治区）的经济发展情况也有较大差别，人民生活水准亦有巨大差异，不应将各地的高低收入水平一概而论。本研究将全国各省（市、自治区）的最低生活保障标准进行了总结，由当地政策文件计算所得，实施时间均为2013年初，政策文件出处和各省（市、自治区）的最低生活保障平均水平在附录中附表进行展示，并依此作为界定“低收入”的依据。

在本研究的问卷中，对于家庭人均年收入的界定为一个取值范围。又由于附表3所示的最低生活保障标准为平均值，即当地其他地区的最低生活保障标准在此数值上下波动，因此，本研究以被调查者的生源所在地的最低生活保障标准为依据，此数值在收入变量的某一取值范围内时，则此范围为当地“低收入”标准。

由于城镇与农村的收入水平不同，各地对于最低生活保障标准的设定也有城镇和农村两套数据，因此在界定“低收入”水平时，也要根据城镇（城市）和农村分别采取不同的标准。

城镇生源的家庭人均年收入的“低收入”标准界定：a. 根据新疆维吾尔自治区人民政府网站公布的政策法规文件所示的数据，2013 年城市低保标准为平均每人每年 2 844 元，收入低于此标准的家庭则可以申请领取最低生活保障补助，视为“低收入”群体。2 844 元落入问卷中“家庭人均年收入”变量的“3 000 元及以下”范围中，因此，对于“生源地”为“新疆”的所有个案，“家庭人均年收入”变量“3 000 元及以下”重新赋值为“低收入”。与新疆相同情况的地区还有：广西、四川和云南。b. 黑龙江省 2013 年城市低保标准为平均每人每年 3 612 元，落入问卷中“家庭人均年收入”变量的“3 001 ～5 000 元”范围中，因此，对于“生源地”为“黑龙江”的所有个案，“家庭人均年收入”变量取值“3 000 元及以下”和“3 001 ～5 000元”共同重新赋值为“低收入”。与黑龙江省相同情况的地区还有：重庆、辽宁、福建、山东、广东、海南、山西、吉林、安徽、江西、河南、湖北、湖南、贵州、西藏、陕西、甘肃、青海和宁夏。c. 其他地区每人每年的最低生活保障标准虽然均大于 5 000 元，但由于“5 001 ～10 000 元”范围过大，因此取中间值 7 500 元为比较的标准，若该地区的最低生活保障标准低于 7 500 元，则将“家庭人均年收入”变量取值“3 000 元及以下”和“3 001～5 000 元”重新赋值为“低收入”，包括北京、天津、河北、江苏、浙江和内蒙古；上海市每人每年的最低生活保障标准为 7 680 元，高于 7 500 元，则将“家庭人均年收入”变量取值“3 000 元及以下”“3 001 ～5 000 元”和“5 001 ～10 000 元”重新赋值为“低收入”，但实际上本研究的数据中，在此范围的上海市个案为零。如附表 3 所示。

农村生源的家庭人均年收入的“低收入”标准界定：a. 2013 年被调查的高校毕业生中，北京、天津和上海的农村生源中，家庭人均年收入低于 5 000元的个案为 0。b. 江苏、浙江、广东和内蒙古地区的农村居民每人每年最低生活保障标准在 3 001 ～5 000 元，因此这些地区的被调查者的家庭人均年收入变量“低收入”区间包括“3 000 元及以下”和“3 001 ～5 000 元”。c. 除以上省（市、自治区）以外，其他地区的农村居民每人每年最低生活保障标准都低于 3 000 元，因此将“家庭人均年收入”变量取值“3 000 元及以下”的重新赋值为“低收入”。此类情况的地区包括：重庆、河北、辽宁、福建、山东、海南、山西、吉林、黑龙江、安徽、江西、河南、湖北、湖南、广西、四川、贵州、云南、西藏、陕西、甘肃、青海、宁夏和新疆。如附表 3 所示。

②“高收入”水平。不同数据和研究对于高收入群体的描述并不相同，

在调查方面，国家统计局的体系最为完整，调研队伍也最庞大，无论对于工作报告还是学术研究来说，其数据体系和分类标准都具有极强的权威性。在国家统计局的数据中，选取收入在前10%的住户作为高收入家庭。本研究也参照此标准对“高收入”水平进行界定。

同时，“高收入”群体或阶层也应该是相对于同一社会区域的概念，比如一个年收入8万元的职员，在北京或上海并不能称之为高收入阶层，但若是在贵州或云南可能就是高收入水平。因此本研究对“高收入”群体的界定将按照地区分别考察。

综上所述，本研究将基于各省（市、自治区）被调查者家庭人均年收入的数据，将收入在当地为前10%的群体视为“高收入”群体。

城镇生源的家庭人均年收入的“高收入”标准界定：a. 本调查中，家庭人均年收入的最高水平为“100 001 元及以上”，其次是“50 001 ～100 000 元”，以此类推。根据附表1，若某地区的被调查者的家庭人均年收入为100 001 元及以上的个案在本地区的全部子样本中所占的比例大于等于10%，即本地区被调查者中，家庭人均年收入位居前10%的被调查者，他们的收入在“100 001 元及以上”这一范围之内，那么这个区间就被视为“高收入”区间，将“家庭人均年收入”变量中的“100 001 元及以上”重新赋值为“高收入”。为此情况的地区有：北京、天津、上海、江苏和浙江。另外，黑龙江的城镇生源被调查者中，家庭人均年收入为100 001元及以上的比例为11.4%，也大于10%，但是根据2012 年全国各省市区GDP 和人均GDP 数据①，天津（95 123.06 元）、北京（88 167.51 元）、上海（85 630.13 元）、江苏（68 438.52 元）和浙江（63 346.70 元）的人均GDP 排名分别为第1、2、3、4 和6 位，而黑龙江省的GDP 总额在全国31 省市区中排名第17 位（13 691.57 亿元），人均GDP 排名也在第17 位（35 710.93元），仅为排名第一位天津（95 123.06 元）的37.5%；2013 年上半年全国各省市区GDP 和人均GDP 数据显示②，天津（46 561 元）、北京（44 041元）、上海（42 723 元）、江苏（34 858 元）和浙江（30 955 元）的人均GDP 排名分别为第1、2、3、4 和5 位，黑龙江省的GDP 总额（5 545 亿元）在31 个省市区中排名仅为第22 名，人均GDP（14 463 元）排名第21 名，仅为排名第一位天津（46 561 元）的31.1%。综上所述，黑龙江省的经济情况与北京、天津、上海、江苏和浙江完全不在一个队列，不应与以上地区同样将“100 001元及以上”视为家庭人均年收入的“高收入”标准。而本研究的有效样本中，

①② 国家统计局公开数据，查询链接为：http://data.stats.gov.cn/easyquery.htm?cn=C01。

黑龙江的城镇生源中家庭人均年收入为 100 001 元及以上的比例为 11.4%，也高于 10%。笔者考察了这些个案，有效样本中来自黑龙江省的城镇生源个案共 79 个，其中家庭人均年收入 100 001 元及以上的个案有 9 名，这 9 名毕业生中，有 5 名来自省会哈尔滨市，4 名来自地级城市；4 名毕业生的父亲为国家机关、党群组织、事业单位管理人员，3 名毕业生的父亲为专业技术人员，1 名毕业生的父亲为办事人员和有关人员，1 名毕业生此项未填写；以上项目内容与其他问题情况相互匹配，因此认为这 9 名毕业生所填写的家庭人均年收入水平并非随意填写。但 9 名个案数量较少，并不具有代表性，加之对当地经济发展状况的考虑，即使黑龙江的城镇生源中家庭人均年收入为 100 001 元及以上的比例大于 10%，本研究也不将其视为“高收入”层次，为与客观情况相符，将此标准降低至其次的“50 001 ～100 000元”，此范围的被调查者在黑龙江城镇生源中占比为 10.1%，家庭人均年收入“100 001元及以上”的个案占比 11.4%，因此重新赋值之后的“高收入”群体在黑龙江城镇生源中占比为 21.5%，认为是合理水平。b. 本调查中，某地区的家庭人均年收入位居前 10% 的被调查者，他们的收入在“50 001 ～100 000 元”这一范围之内，那么这个区间就被视为“高收入”区间，将“家庭人均年收入”变量中的“100 001 元及以上”和“50 001 ～100 000 元”重新赋值为“高收入”。为此情况的地区有：河北、辽宁、福建、山东、广东、海南、山西、吉林、安徽、湖北、湖南、内蒙古、广西、重庆、四川、陕西、青海、新疆，以及黑龙江。c. 城镇生源的家庭人均年收入位居前 10% 的被调查者的收入在“20 001 ～ 50 000 元”范围之中的地区有：江西、河南、贵州、云南和宁夏，对于这些地区的城镇生源来说，家庭人均年收入在“20 001 ～50 000 元”“50 001 ～100 000 元”和“100 001 元及以上”重新赋值为“高收入”。d. 除了以上省市区以外，西藏和甘肃城镇生源的家庭人均年收入位居前 10% 的被调查者的收入在“10 001 ～20 000 元”范围之中，比例分别为 40.0% 和 23.5%。但由于“10 001 ～20 000 元”范围较大且 40.0% 和 23.5% 比例较高，因此西藏和甘肃两地的“高收入”标准界定与江西、河南、贵州、云南和宁夏等地区相同。如附表 3 所示。

农村生源的家庭人均年收入的“高收入”标准界定：a. 本研究的有效样本中，北京和上海没有农村生源个案。b. 参照城镇生源家庭人均年收入的“高收入”标准界定方法，以当地个案收入前 10% 为标准，结合当地经济发展情况，以及有效样本的真实情况，将以下地区农村生源的家庭人均年收入在 50 001 元及以上界定为“高收入”标准：天津、江苏、浙江、广东和四川。c. 同理，将以下地区农村生源的家庭人均年收入在 20 001 元及以上界定为“高收入”标准：河北、辽宁、福建、山东、海南、山西、吉林、黑龙江、安徽、江西、河南、湖北、湖南、内蒙古、广西、重庆、贵州、云南、西藏、陕西、甘肃、青海、宁夏和新疆。如附表3所示。

根据以上分析，将各省（市、自治区）的其他被调查者按照平均比例划分为“中低收入”和“中高收入”两个区间。

（3）家庭社会联系广泛程度。问卷调查中对于家庭社会联系广泛程度的测度分为五个程度，分别为“非常广泛”“广泛”“一般”“较少”和“非常少”，个案所占比例分别为2.9%、9.1%、38.9%、22.0%和27.1%。

为了便于分析和解释结果，本研究将家庭社会联系“非常广泛”和“广泛”合并为“较广泛”，将“较少”和“非常少”合并为“较少”，以“一般”为基底，生成虚拟变量。

综上所述，高校毕业生家庭背景变量情况如表3－9所示。

表3－9 高校毕业生家庭背景变量情况

变 量	频 数	百分比/%	变 量	频 数	百分比/%
父亲受教育情况			**母亲受教育情况**		
研究生（19年）	78	1.7	研究生（19年）	42	0.9
大学本科（16年）	542	11.8	大学本科（16年）	310	6.7
专 科（15年）	396	8.6	专 科（15年）	354	7.7
高中或中专（12年）	1 390	30.2	高中或中专（12年）	1 145	24.9
初 中（9年）	1 485	32.3	初 中（9年）	1 399	30.4
小 学（6年）	619	13.5	小 学（6年）	1 038	22.6
文盲或半文盲（0年）	88	1.9	文盲或半文盲（0年）	310	6.8
家庭社会联系			**家庭人均年收入**		
较广泛	555	12.0	较 高	549	12.5
一 般	1 794	38.9	中 等	2 411	54.7
较 少	2 262	49.1	较 低	1 443	32.8

为了分家庭背景水平观察求职途径的选择倾向，需要将样本按照家庭背景综合水平分为若干子样本进行分析，因此，需要首先生成“家庭背景综合水平”变量。

如图3－2所示，将样本按照家庭社会联系水平和家庭人均年收入水平分为9个小类，为了方便分析，将综合水平较高的区域中（如图所示的3个区域A）的3个子样本划归为“家庭背景综合水平高”的群体，包括家庭人

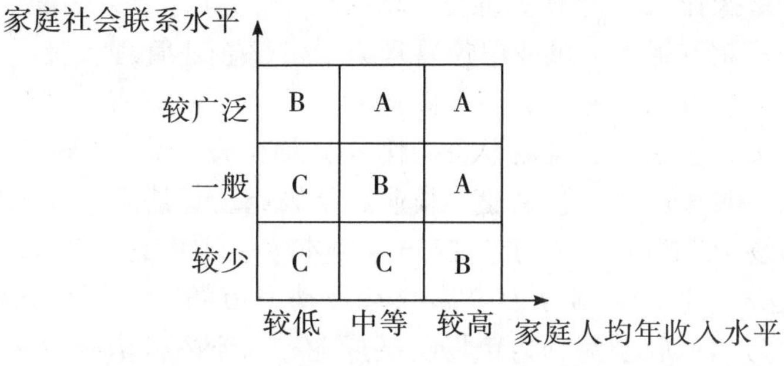

图 3－2　家庭背景综合水平划分图示

均年收入水平较高且家庭社会联系较广泛的个案、家庭人均年收入水平较高且家庭社会联系一般的个案以及家庭人均年收入水平中等且家庭社会联系较广泛的个案；同理，将综合水平居中的区域中（如图所示的 3 个区域 B）的 3 个子样本划归为“家庭背景综合水平中等”的群体，包括家庭人均年收入水平中等且家庭社会联系一般的个案、家庭人均年收入水平较高且家庭社会联系较少的个案以及家庭人均年收入水平较低且家庭社会联系较广泛的个案；最后，将综合水平较低的区域中（如图所示的 3 个区域 C）的 3 个子样本划归为“家庭背景综合水平低”的群体，包括家庭人均年收入水平较低且家庭社会联系较少的个案、家庭人均年收入水平较低且家庭社会联系一般的个案以及家庭人均年收入水平中等且家庭社会联系较少的个案。

3．劳动力市场变量

（1）工作机会获得率。本研究采用“工作机会获得率”作为求职结果的度量变量之一，代表高校毕业生在求职过程中的表现，体现了求职者在劳动力市场中的受欢迎程度，通过计算“获得工作机会数”与“投简历数”的比值得到。

问卷中的两个相应的问题是：“在求职过程中，您大约向________个单位递交过求职简历”以及“其中曾表示愿意接收您的单位为________个”，依据以上两个问题重新编码变量，得到“获得工作机会数”与“投简历数”，进而计算得到“工作机会获得率”变量，为 0 到 100% 的连续变量。

（2）起薪。在调查问卷中，关于高校毕业生起薪的相应问题为：“您找到的这份工作的月收入平均（税前）大约是________元”。经过前文中所介绍的清洗原则，生成“起薪”连续变量。

（3）职业类型。调查问卷中，本人职业类型包括：①国家机关、党群组织、事业单位管理人员。②企业管理人员。③专业技术人员。④办事人员和有关人员。⑤商业和服务人员。⑥农、林、牧、渔、水利业生产人员。⑦生产、运输设备操作人员及有关人员。⑧军人。⑨其他。父辈职业类型包括：①国家机关、党群组织、事业单位管理人员。②企业管理人员。③专业技术人员。④办事人员和有关人员。⑤商业和服务人员。⑥农、林、牧、渔、水利业生产人员。⑦生产、运输设备操作人员及有关人员。⑧军人。⑨农村进城务工人员。⑩离退休。⑪无业、失业、半失业。⑫其他。

根据市场分割理论，对于高校毕业生本人，不考虑“军人”和其他类型，将职业类型①～④划分为“高收益劳动力市场”的职业，将职业类型⑤～⑦划分为“低收益劳动力市场”的职业；对于高校毕业生父辈而言，不考虑军人、农村进城务工人员、离退休和其他不就业的情况，将职业类型①～④划分为“高收益劳动力市场”的职业，将职业类型⑤～⑦划分为“低收益劳动力市场”的职业。如表 3－10 所示。

表 3－10　职业类型划分方法

职业划分	职业类型
高收益劳动力市场	①国家机关、党群组织、事业单位管理人员 ②企业管理人员 ③专业技术人员 ④办事人员和有关人员
低收益劳动力市场	⑤商业和服务人员 ⑥农、林、牧、渔、水利业生产人员 ⑦生产、运输设备操作人员及有关人员

为研究高校毕业生职业类型和父辈职业类型的匹配情况和传递机制，将父辈与高校毕业生职业类型按照上述标准划分为高收益劳动力市场职业和低收益劳动力市场职业。如表 3－11 所示。

表 3－11　职业类型与单位性质的变量情况

变　量	频　数	百分比/%	变　量	频　数	百分比/%
本人职业			**单位性质**		
高收益劳动力市场	2 110	77.5	国家机关	234	5.5
低收益劳动力市场	614	22.5	国有企业	1 370	32.1
父辈职业			三资企业	352	8.2
高收益劳动力市场	1 193	43.8	事业单位	520	12.2
低收益劳动力市场	1 531	56.2	私营企业（民营、个体）	1 791	42.0

（4）单位性质。高校毕业生确定工作的单位性质与获得的薪酬和社会地位有关。结合调查问卷中的相关问题，本研究中涵盖的单位性质包括：①国家机关。②国有企业。③私营企业（民营、个体）。④三资企业。⑤事业单位。其中，事业单位包括科研单位、高等学校、中小学、医疗卫生单位和其他事业单位。生成虚拟变量，以“私营企业”为基底。

（5）在生源地就业。本研究的核心概念为求职途径，其中，亲友途径的作用发挥可能与一定的环境场域有关，高校毕业生是否在生源所在地就业将会影响亲友途径的有效性。因此，本研究将按照高校毕业生是否在生源地就业分别讨论，当高校毕业生就业单位的所在地和生源地为同一个省（市、自治区）时，“在生源地就业”变量取值为1，反之为0。如表3－12所示。

表3－12　是否回原籍就业的情况

变　量	频　数	百分比/%
在生源地就业	2 719	59.9
在外地就业	1 818	40.1
合　计	4 537	100

4．其他变量

除以上主要变量之外，影响高校毕业生求职行为和求职结果的因素还有许多，本研究中将主要涵盖性别和生源作为求职途径影响因素分析的控制变量；在对求职结果进行分析的篇章中，还将引入就业单位所在地为控制变量。各变量情况如表3－13所示。

表3－13　其他控制变量

变　量	频　数	百分比/%	变　量	频　数	百分比/%
性　别			**就业单位所在地区**		
男性	2 626	56.8	京津沪地区	590	12.7
女性	2 000	43.2	东部地区	2 141	46.3
生　源			中部地区	1 031	22.3
城镇	3 492	77.1	西部地区	867	18.7
农村	1 040	22.9			

5．变量的多重共线性诊断

在很多研究中，各个自变量之间并不独立，而是存在一定程度的线性相关关系，称为多重共线性（Multi-Collinearity）。多重共线性关系会造成参数估计值的精度很低，甚至使回归系数的方向与真实情况相反，使得回归结果不可信，因此对多重共线性进行检验是必要的。

由于教育经济变量固有的性质，解释变量之间存在完全多重共线性或者不存在共线性的情况都是很少见的，一般情况下，解释变量之间总是存在某种程度上的多重共线性，因此多重共线性的问题并不是有无的问题，而是严重程度的问题，过分严重的多重共线性会导致回归结果的不可信，因此，对于给定的样本进行多重共线性检验，考察其是否超过可以“容忍”的程度。对于一般线性回归模型来说，检验解释变量多重共线性的方法有很多，常见方法有以下几种：①观察回归结果；②条件数（Condition Number）和条件指数（Condition Index）；③方差膨胀因子（Variance Inflating Factor，VIF）。条件数 k 多大才认为存在严重的多重共线性，对于这一问题并没有统计意义上的标准。在实际应用中，常常根据经验来判断：当 $k \geqslant 30$ 时一般认为存在严重的多重共线性；当 $10 \leqslant k < 30$ 时，一般认为存在较弱的多重共线性；当 $k < 10$ 时可认为不存在多重共线性。本研究的第二部分是对求职结果的分析，包括工作机会获得率和起薪，均为连续变量，因此可使用方差膨胀因子（VIF）进行衡量。一般的，若 VIF > 10，则表示该模型中存在较强的多重共线性问题；若 VIF < 10，则模型中解释变量的多重共线性较弱，在可以接受的范围（岳昌君，2009）。

使用以上方法进行变量的多重共线性诊断，结果见附录中的附表 4 至附表 7，认为各解释变量之间的多重共线性很弱，在可接受的范围之内，不会影响计量回归结果，可以进行下一步的回归分析。

第四章　高校毕业生求职途径的影响因素分析

经过理论分析和文献梳理可以发现，高校毕业生的人口特征、人力资本以及家庭背景变量都可能会对求职途径的选择具有重要的影响。本章将使用定量研究的方法，对高校毕业生选择求职途径的影响因素进行分析，着重考察高校毕业生人力资本和家庭背景变量的影响。

本章第一部分将进行描述统计分析，观察变量间的基本特征，初步判断不同变量与求职途径的关系；第二部分将使用回归方法，考察高校毕业生选择求职途径的影响因素。

一、变量的描述统计

本节将首先使用描述统计的方法，对使用不同求职途径的高校毕业生的人力资本变量和家庭背景变量进行分析，观察不同求职途径下高校毕业生的各个主要变量的基本差别。

不同求职途径下的各变量分布如表 4 - 1 所示，对于选择不同求职途径的高校毕业生来说，其人力资本变量和家庭背景变量的分布略有差别。

（一）人力资本变量的描述统计

专科毕业生中，使用亲友途径就业的比例（43.9%）比使用正式途径就业的比例（22.2%）高 21.7 个百分点；本科毕业生中，使用亲友途径就业的比例（48.5%）比使用正式途径就业的比例（60.9%）低 12.4 个百分点；硕士毕业生中，使用亲友途径就业的比例（7.6%）比使用正式途径就业的比例（16.9%）低 9.3 个百分点。总体而言，使用亲友途径就业比使用正式途径就业的高校毕业生学历层次相对更低。

来自 985 和 211 重点院校的高校毕业生中，使用亲友途径就业的比例（25.4%）比使用正式途径就业的比例（43.6%）低 18.2 个百分点；来自一般本科院校的高校毕业生中，使用亲友途径和正式途径就业的比例相近，分别为 25.2% 和 29.5%，相差 4.3 个百分点；来自高职高专院校以及民办院校与独立学院的毕业生，使用亲友途径就业的比例却高于使用正式途径就业的比例，前者分别是40.0%和20.3%，后者分别为9.4%和6.6%。总的看来，使用正式途径就业的高校毕业生比使用亲友途径就业的高校毕业生的院校质量更高。

对于学习成绩和获得外语类证书的情况，使用亲友途径就业和正式途径就业的高校毕业生的情况差别很小，但使用亲友途径就业的高校毕业生学习成绩略好，使用正式途径就业的高校毕业生中获得外语类证书的比例略高。

综上所述，从描述统计的结果来看，使用正式途径就业的高校毕业生比使用亲友途径就业的高校毕业生的人力资本水平略高，主要反映在学历和学校类型上，而学习成绩和证书情况差别不大。

（二）家庭背景变量的描述统计

本研究中，高校毕业生的家庭背景使用家庭人均年收入、家庭社会联系程度和父母平均受教育年限进行刻画；其中，家庭人均年收入和家庭社会联系程度为分类变量，父母平均受教育年限为连续变量。

对于使用亲友途径就业的高校毕业生来说，家庭人均年收入水平较高的比例（14.1%）和家庭社会联系较广泛的比例（20.5%）均高于使用正式途径就业的高校毕业生，分别高2.0个百分点和10.2个百分点；而使用亲友途径就业的高校毕业生中，家庭人均年收入水平较低的比例（29.7%）略低于使用正式途径就业的高校毕业生（33.4%）；使用亲友途径就业的高校毕业生中，家庭社会联系较少的比例（31.3%）较使用正式途径就业的高校毕业生低21.7个百分点，差距较大。

家庭背景变量中，父母平均受教育年限为连续变量，使用亲友途径就业的高校毕业生，父母平均受教育年限的平均值略高于使用正式途径就业的高校毕业生0.5年。

从描述统计的结果来看，使用亲友途径就业的高校毕业生总体而言比使用正式途径就业的高校毕业生具有更好的家庭背景。

使用两种途径就业的高校毕业生的性别分布和生源户口情况较为相似。

表4－1　分求职途径的变量分布情况

变　量	亲友途径/%	正式途径/%	变　量	亲友途径/%	正式途径/%
学历			**院校类型**		
硕士	7.6	16.9	985和211重点院校	25.4	43.6
本科	48.5	60.9	一般本科院校	25.2	29.5
专科	43.9	22.2	高职高专院校	40.0	20.3
			民办院校与独立学院	9.4	6.6

续上表

变　量	亲友途径/%	正式途径/%	变　量	亲友途径/%	正式途径/%
学习成绩					
前25%	34.2	33.9	**外语类证书**		
中等50%	62.4	61.2	获　得	69.0	79.1
后25%	3.4	4.9	未获得	31.0	20.9
家庭社会联系			**家庭人均年收入**		
较广泛	20.5	10.3	较　高	14.1	12.1
中　等	48.4	36.9	中　等	56.2	54.5
较　少	31.1	52.8	较　低	29.7	33.4
父母平均受教育年限			**性　别**		
平均值	10.6	10.1	男　性	52.9	57.6
标准差	3.4	3.5	女　性	47.1	42.4
是否回原籍就业			**户籍类型**		
在生源地就业	72.4	57.3	城　镇	82.4	75.9
在外地就业	27.6	42.7	农　村	17.6	24.1

综上所述，从描述统计结果的对比来看，使用亲友途径和正式途径就业的高校毕业生的人力资本水平和家庭背景情况均有差别，但是这些差别是否显著，且这些差别是否影响了高校毕业生对求职途径的最终选择和使用，则需要使用进一步的回归方法进行分析。

二、研究假设与研究方法

（一）研究假设

根据前文的理论分析与描述统计结果，本章提出以下假设：

假设一：控制其他变量的情况下，高校毕业生的人力资本水平越高，越倾向于使用正式途径就业。

假设二：控制其他变量的情况下，高校毕业生的家庭背景情况越好，越倾向于使用亲友途径就业。

为了探明高校毕业生求职途径的影响因素，本章将使用定量回归的方法，对以上研究假设进行验证。

（二）研究方法

本章接下来将使用计量回归的方法研究高校毕业生的不同特质如何影响求职途径的使用。由于被解释变量为二分变量，应使用 Logistic 或 Probit 模型，后者假设误差项 e 服从正态分布，而本研究的解释变量中绝大多数是分类变量，因此本章将采用 Logistic 回归方法进行计量回归检验。回归方程的形式为：

$$\text{Logistic}(P) = \text{Ln}\left(\frac{P}{1-P}\right) = \beta_0 + \sum \beta_j X_j + \varepsilon \quad \cdots\cdots (4.1)$$

其中，P 表示使用亲友途径就业的概率，$P/(1-P)$ 是使用亲友途径就业的概率与使用正式途径就业的概率之比，即优势比（Odds Ratio），定义为使用亲友途径就业的机会比率，Logistic（P）定义为机会比率的对数。

解释变量 X_j 的含义为影响高校毕业生选择亲友途径的因素，β_j 是相应解释变量的回归系数，表示第 j 个解释变量对亲友途径选择的影响，其取值等于机会比率的变化率，正的系数表示该解释变量会促进高校毕业生使用亲友途径就业，并且系数越大表示高校毕业生选择亲友途径就业的概率越大。β_0 为截距项系数，ε 为随机扰动项。

三、高校毕业生求职途径的影响因素分析

多重共线性检验的结果认为解释变量之间的共线性较弱，因此可以进行计量回归。本章将使用 Logistic 回归方法分析高校毕业生求职途径的选择，方法为“进入”，回归结果如表 4－2 所示。

回归模型的拟合优度为 0.113，模型的卡方值为 298.461，显著性概率小于 0.01，说明回归模型总体显著，认为被解释变量与解释变量之间存在高度显著的线性关系。

（一）家庭背景水平对求职途径的影响

根据表 4－2 的数据结果，父母平均受教育年限的回归系数为 0.051，在 0.01 的水平下显著，优势比值为 1.053。说明在控制其他变量的情况下，父母平均受教育年限每增加一年，子女使用亲友途径就业的加权机会比例会增加 5.3%，也就是说，在控制其他条件的情况下，父母平均受教育年限越高的高校毕业生在求职时使用亲友途径就业的可能性更高。

家庭社会联系程度虚拟变量的基底为“家庭社会联系一般”，与此相比，家庭社会联系较广泛的回归系数为正，家庭社会联系较少的回归系数为负，且都在0.01的水平下显著，优势比分别为1.480和0.602，说明家庭社会联系较广泛的高校毕业生选择亲友途径就业的加权机会是家庭社会联系一般的高校毕业生的1.480倍，家庭社会联系较少的高校毕业生选择亲友途径就业的加权机会是家庭社会联系一般的高校毕业生的0.602倍。即其他条件不变时，高校毕业生的家庭社会联系越广泛，越可能使用亲友途径就业。

高收入家庭和低收入家庭两个虚拟变量的回归结果并不显著，说明家庭经济收入水平对高校毕业生求职途径的选择在统计意义上无显著影响。

（二）人力资本水平对求职途径的影响

如表4－2所示，描述人力资本水平的各变量中，学历、院校类型和外语类证书虚拟变量都在不同水平下显著地影响求职途径。

“硕士”虚拟变量的回归系数为－0.388，在0.05的水平下显著，说明与本科毕业生相比，硕士毕业生更倾向于使用正式途径就业；优势比Exp（B）等于0.679，说明如果控制其他变量，硕士毕业生使用亲友途径就业的加权机会比本科毕业生低32.1%。而“专科”虚拟变量的回归系数为正，在0.01的水平下显著，表明与本科毕业生相比，专科毕业生更倾向于使用亲友途径就业，回归系数为0.678；优势比Exp（B）等于1.969，即控制其他变量的情况下，专科毕业生使用亲友途径就业的加权机会比本科毕业生高了96.9%。由此可见，其他条件相同的情况下，高校毕业生的学历越高，越有可能使用正式途径就业；学历越低，越有可能通过亲友途径就业。

“985和211重点院校”虚拟变量的回归系数为－0.359，在0.01的水平下显著，说明与一般本科院校毕业生相比，985和211重点院校的毕业生更倾向于使用正式途径就业；优势比Exp（B）等于0.699，说明如果控制其他变量，985和211重点院校的毕业生使用亲友途径就业的加权机会比一般本科院校的毕业生低30.1%。“高职高专院校”虚拟变量的回归系数并不显著，说明高职高专毕业生在求职时并不比一般本科院校毕业生更依赖亲友帮助，而是可以有效地使用学校就业指导机构和人才招聘会等正式途径进行求职。民办院校与独立学院的毕业生也更倾向于使用亲友途径就业，回归系数0.286，在0.1的水平下显著，优势比显示民办院校与独立学院的毕业生比一般本科院校毕业生使用亲友途径就业的加权机会高33.1%。综上所述，控制其他条件时，高校毕业生所在院校的质量越高，越可能使用正式途径就业；所在院校质量越低，越倾向于使用亲友途径就业。

“获外语类证书”虚拟变量的回归系数为－0.242，在0.05的水平下显著，说明与在校期间未获得外语类证书的高校毕业生相比，在校期间获外语类证书的高校毕业生更倾向于使用正式途径就业；优势比 Exp（B）等于 0.785，说明如果控制其他变量，获外语类证书的高校毕业生使用亲友途径就业的加权机会比未获得外语类证书的高校毕业生低 21.5%。

另外，以"学习成绩中等"为基底，"学习成绩前 25%"和"学习成绩后 25%"的两个虚拟变量的回归结果并不显著，说明其他条件不变时，在求职和就业环节中，高校毕业生在校期间的课业成绩并不显著地影响求职途径的选择。

表 4-2　求职途径影响因素的回归结果

	变　量	系　数	标准误	Exp（B）
家庭背景变量	父母平均受教育年限	0.051***	0.014	1.053
	高收入家庭	-0.074	0.131	0.929
	低收入家庭	-0.040	0.099	0.961
	家庭社会联系较广泛	0.392***	0.122	1.480
	家庭社会联系较少	-0.508***	0.100	0.602
人力资本变量	硕　士	-0.388**	0.157	0.679
	专　科	0.678***	0.243	1.969
	985 和 211 重点院校	-0.359***	0.116	0.699
	高职高专院校	0.150	0.255	1.162
	民办院校与独立学院	0.286*	0.172	1.331
	学习成绩前 25%	0.028	0.091	1.029
	学习成绩后 25%	-0.176	0.244	0.838
	获外语类证书	-0.242**	0.099	0.785
控制变量	男　性	-0.069	0.088	0.933
	城镇生源	0.112	0.115	1.118
	常　量	-1.926***	0.227	0.146
	样本量	4 260		
	拟合优度	0.113		
	模型卡方值	298.461		
	显著性概率	0.000		

注：1. 被解释变量为"亲友途径"；2. *，**，***分别代表显著性水平为 0.1、0.05 和 0.01。

（三）小结

根据回归结果可以发现，高校毕业生是否是城镇生源以及性别都不会显著地影响求职途径的选择，但是人力资本和家庭背景会在不同程度上影响高校毕业生是否使用亲友途径就业。

从家庭背景的角度来看，控制其他变量时，父母平均受教育年限越高或家庭社会联系越广泛的高校毕业生，在求职时使用亲友途径就业的可能性更高，而家庭经济收入水平的影响不显著。总的来说，家庭背景情况越好的高校毕业生越有可能使用亲友途径就业。

从人力资本的角度考察，其他条件不变时，高校毕业生学历越低，或所在院校质量越低，或没有获得外语类证书，越有可能使用亲友途径就业，而学习成绩并不显著地影响求职途径的选择。总的来看，人力资本越低的高校毕业生越倾向于使用亲友途径就业。

四、不同类型高校毕业生的求职途径分析

上一节中分析了高校毕业生求职途径的影响因素，但是不同学历层次的高校毕业生所面临的劳动力市场不同，雇主对不同学历的高校毕业生也有着不同的预期，所以不同学历的高校毕业生在求职时的行为逻辑是有差别的，本部分将根据高校毕业生的学历层次划分子样本，分别进行讨论，探讨不同学历高校毕业生选择求职途径的倾向差别。

同时，亲友途径作为社会网络资源的现实反映，需要在一定的场域和环境下发挥作用，而根据现实经验，亲朋好友在“家乡”发挥的作用可能更明显，本部分也将根据高校毕业生就业地点与生源地点是否一致进行区分，讨论高校毕业生选择求职途径时，人力资本和家庭背景发挥作用是否因为回原籍就业而产生差别。

（一）分学历的求职途径分析

将高校毕业生按照学历层次分成三个群体，分别进行亲友途径的回归分析，回归结果如表 4－3 所示。

在控制其他变量的情况下，父母平均受教育年限仅对本科毕业生的求职途径具有显著影响（0.01 水平下），回归系数为 0.065，略高于对全体高校毕业生的情况；优势比为 1.067，表明控制其他变量时，本科毕业生中，父母平均受教育年限高一年，则子女使用亲友途径就业的加权机会将增加 6.7%，该数值与全部高校毕业生的情况（5.3%）相比要高 1.4 个百分点。

然而父母平均受教育年限并不影响专科毕业生或硕士毕业生的求职途径。

家庭社会联系程度对求职途径的影响在不同学历之间有不同的作用。对本科毕业生来说，“家庭社会联系较广泛”虚拟变量的回归系数为0.403，在0.05水平下显著，优势比为1.496，表明家庭社会联系较少的高校毕业生使用亲友途径的加权机会比社会联系程度一般的高校毕业生高49.6个百分点；“家庭社会联系较少”虚拟变量的回归系数为-0.693，在0.01水平下显著，优势比为0.500，表明家庭社会联系较少的高校毕业生使用亲友途径的加权机会比仅是社会联系程度一般的高校毕业生的50.0%。总之，对于本科毕业生来说，家庭社会联系程度较广泛的高校毕业生比联系一般的高校毕业生更可能使用亲友途径就业，而家庭社会联系程度较少的高校毕业生则更可能使用正式途径就业。对于专科生来说，家庭社会联系较广泛的高校毕业生更倾向于使用亲友途径就业（在0.05水平下显著）；硕士毕业生中，家庭社会联系较少的高校毕业生更倾向于使用正式途径就业（在0.1水平下显著）；虽然家庭社会联系越广泛会使得本科生和专科生都倾向于使用亲友途径，但是其影响对专科生更大。

考察其他家庭背景变量时，发现家庭人均年收入对任何学历层次的高校毕业生求职途径的使用都没有显著的影响。

院校类型虚拟变量的回归结果仅对本科毕业生显著，以“一般本科院校”为基底，“985和211重点院校”虚拟变量仅在本科毕业生的子样本做回归时结果显著（$p=0.01$），回归系数为负，说明与一般本科院校毕业生相比，985和211重点院校毕业的本科生更可能使用正式途径就业，优势比为0.674。对于专科和硕士毕业生，院校类型的各虚拟变量均不显著。

各学历层次中，仅本科毕业生获得外语类证书会显著影响其使用正式途径就业，对其他学历毕业生影响不显著。而学习成绩的回归结果也不显著。

表4-3　分学历的求职途径回归结果

变量	专科		本科		硕士	
	系数	Exp（B）	系数	Exp（B）	系数	Exp（B）
父母平均受教育年限	0.036 （0.024）	1.037	0.065*** （0.020）	1.067	-0.014 （0.046）	0.986
高收入家庭	-0.149 （0.238）	0.862	-0.022 （0.171）	0.978	-0.322 （0.440）	0.725
低收入家庭	-0.016 （0.147）	0.984	-0.010 （0.144）	0.990	-0.539 （0.406）	0.584

续上表

变量	专科		本科		硕士	
	系数	Exp（B）	系数	Exp（B）	系数	Exp（B）
家庭社会联系较广泛	0.465**	1.593	0.403**	1.496	-0.062	0.940
	(0.202)		(0.164)		(0.468)	
家庭社会联系较少	-0.243	0.784	-0.693***	0.500	-0.547*	0.579
	(0.156)		(0.145)		(0.319)	
985和211重点院校	0.499	1.647	-0.394***	0.674	-0.411	0.663
	(0.529)		(0.131)		(0.313)	
高职高专院校	0.529	1.698	—	—	—	—
	(0.417)		—		—	
民办院校与独立学院	0.238	1.269	0.322*	1.380	—	—
	(0.734)		(0.183)		—	
学习成绩前25%	0.067	1.070	-0.032	0.969	0.236	1.266
	(0.139)		(0.133)		(0.295)	
学习成绩后25%	-0.267	0.766	-0.265	0.767	0.753	2.123
	(0.665)		(0.288)		(0.675)	
获外语类证书	-0.079	0.924	-0.390***	0.677	-0.350	0.704
	(0.143)		(0.140)		(0.523)	
男性	-0.058	0.943	-0.007	0.993	-0.285	0.752
	(0.138)		(0.127)		(0.298)	
城镇生源	-0.102	0.903	0.292	1.339	0.308	1.360
	(0.160)		(0.186)		(0.432)	
常量	-1.547***	0.213	-2.076***	0.125	-1.405	0.245
	(0.528)		(0.314)		(0.867)	

注：1. 被解释变量为“亲友途径”；2. 回归结果表格中，无括号的数字为回归系数，括号中的数字为标准误；3. *，**，***分别代表显著性水平为0.1、0.05和0.01。

综上所述，在不同学历的高校毕业生劳动力市场中，本科毕业生在选择和使用求职途径时，比其他学历毕业生更多地受到人力资本和家庭背景的影响：家庭背景越好的本科毕业生越可能使用亲友途径，而人力资本水平越高的毕业生越可能使用正式途径。与此相比，硕士毕业生和专科毕业生受到个人和家庭特征的影响较小，因此在选择和使用求职途径时，硕士毕业生和专科毕业生更可能受到外部情况的影响，比如市场环境和雇主要求。

（二）回原籍就业的求职途径分析

亲朋好友的帮助往往发生在其所在的省市，如表4－4的统计结果所示，在全体高校毕业生中，回到生源地就业的高校毕业生比例为59.9%。在生源地就业的高校毕业生中使用正式途径的比例为57.3%，使用亲友途径的比例为72.4%，比前者高15.1个百分点。

表4－4　高校毕业生是否在生源地就业的分布比例

求职途径	亲友途径/%	正式途径/%	全体毕业生/%
在生源地就业	72.4	57.3	59.9
在外地就业	27.6	42.7	40.1
合　计	100	100	100

将高校毕业生样本按照是否回原籍就业划分为两个子样本，分别进行求职途径的回归分析，结果如表4－5所示。

表4－5　是否回原籍就业的求职途径回归结果

变　量	在生源地就业			在外地就业		
	系　数	标准误	Exp（B）	系　数	标准误	Exp（B）
父母平均受教育年限	0.041**	0.017	1.042	0.070***	0.026	1.073
高收入家庭	－0.057	0.161	0.945	－0.055	0.234	0.946
低收入家庭	－0.108	0.121	0.898	0.121	0.175	1.129
家庭社会联系较广泛	0.374***	0.143	1.453	0.379	0.242	1.460
家庭社会联系较少	－0.611***	0.124	0.543	－0.258	0.180	0.773
硕士	－0.562**	0.225	0.570	－0.118	0.227	0.889
专科	0.448	0.282	1.565	1.261**	0.499	3.531
985与211重点院校	－0.210	0.150	0.810	－0.510***	0.189	0.601
高职高专院校	0.338	0.296	1.402	－0.396	0.519	0.673
民办院校与独立学院	0.258	0.186	1.294	－0.548	1.074	0.578
学习成绩前25%	－0.043	0.110	0.958	0.210	0.164	1.233
学习成绩后25%	－0.439	0.351	0.645	0.185	0.344	1.204
获外语类证书	－0.181	0.117	0.835	－0.372**	0.187	0.690

续上表

变　量	在生源地就业			在外地就业		
	系　数	标准误	Exp（B）	系　数	标准误	Exp（B）
男性	-0.038	0.106	0.962	-0.090	0.163	0.914
城镇生源	0.226	0.145	1.254	-0.099	0.190	0.906
常量	-1.809***	0.278	0.164	-2.237***	0.407	0.107
样本量	2 531			1 729		
拟合优度	0.109			0.093		
模型卡方值	181.588			85.618		
显著性概率	0.000			0.000		

注：*，**，***分别代表显著性水平为0.1、0.05和0.01。

总的来看，对于那些回到生源地就业的高校毕业生来说，家庭背景的作用更明显。其中，父母平均受教育年限和家庭社会联系的系数都显著为正，说明回原籍就业的高校毕业生，家庭背景越好越会通过亲友途径就业，也可能是因为家庭背景能够发挥作用，这些高校毕业生才会回到生源地就业；对于在外地就业的高校毕业生，仅有父母平均受教育年限的系数显著，其他家庭背景变量都不显著，说明这些在外地就业的高校毕业生，其家庭背景难以发挥作用。

相反，在生源地就业的高校毕业生，其人力资本对求职途径的影响比较不明显，仅有“硕士”虚拟变量的回归系数在0.05水平下显著为负，而对于在外地就业的高校毕业生，学历、院校类型和外语类证书虚拟变量中均有显著结果，且人力资本越高，越倾向于使用正式途径就业。

综上所述，对于回到生源地就业的高校毕业生来说，家庭背景对求职途径的选择影响更大，而对于在外地就业的高校毕业生来说，人力资本的影响更大。当然，高校毕业生就业地点的确定由多方面因素决定，高校毕业生在制定就业决策时也会同时考察多方面条件，进行综合权衡之后才能确定，有可能是亲朋网络能够提供有效帮助，使得在生源地的工作机会整体比外地的工作机会更好，于是选择在生源地就业。

（三）分家庭背景的求职途径分析

将高校毕业生按照家庭背景综合水平分成三个群体，分别进行亲友途径的回归分析。在三组群体中回归结果均不显著的解释变量包括学习成绩的两个虚拟变量和控制变量（性别和城镇生源），其他解释变量的回归结果如表

4－6 所示。

表 4－6　分家庭背景水平的求职途径回归结果

变量	家庭背景水平低		家庭背景水平中等		家庭背景水平高	
	系数	Exp（B）	系数	Exp（B）	系数	Exp（B）
父母平均受教育年限	0.034*	1.034	0.036	1.037	0.056*	1.057
	（0.020）		（0.024）		（0.029）	
硕士	－0.161	0.851	－0.278	0.758	－1.239***	0.290
	（0.227）		（0.264）		（0.396）	
专科	0.759***	2.137	0.261	1.299	0.296	1.344
	（0.193）		（0.264）		（0.316）	
985 和 211 重点院校	－0.572***	0.564	－0.215	0.806	－0.163	0.849
	（0.173）		（0.205）		（0.227）	
高职高专院校	0.315	1.371	0.909***	2.482	0.566	1.762
	（0.196）		（0.258）		（0.356）	
民办院校与独立学院	0.206	1.228	0.584**	1.793	0.256	1.292
	（0.279）		（0.281）		（0.333）	
获外语类证书	－0.383***	0.682	－0.202	0.817	－0.144	0.866
	（0.142）		（0.177）		（0.219）	

注：1. 回归结果表格中，无括号的数字为回归系数，括号中的数字为标准误；2. *，**，***分别代表显著性水平为 0.1、0.05 和 0.01；3. 表格中未展示截距项回归结果，以及回归结果均不显著的变量，包括学习成绩前 25%、学习成绩后 25%、男性和城镇生源。

控制其他变量时，父母平均受教育年限对于家庭背景综合水平低和水平高的高校毕业生有显著影响（$p=0.1$），回归系数分别为 0.034 和 0.056，均为正，说明父母受教育年限的增加会提高高校毕业生使用亲友途径的机会，加权机会将分别增加 3.4% 和 5.6%；对于家庭背景综合水平中等的高校毕业生来说，父母受教育年限对求职途径的影响并不显著。

对于人力资本进行考察可以发现，“硕士”虚拟变量对全部子样本的回归系数均为负，专科的回归系数均为正，其中，“硕士”虚拟变量对于家庭背景综合水平高的毕业生求职途径影响在 0.01 水平下显著，回归系数为－1.239，优势比为 0.290，说明对于家庭背景综合水平高的高校毕业生来说，硕士毕业生使用亲友途径的加权机会比本科毕业生低 71.0 个百分点；“专科”虚拟变量对于家庭背景综合水平低的毕业生求职途径影响在0.01水平下显著，回归系数为0.759，优势比为2.137，说明对于家庭背景综合水平低的毕业生来说，专科毕业生使用亲友途径的加权机会是本科毕业生的2.137倍。学历层次对家庭背景综合水平中等的高校毕业生使用求职途径的影响并不显著。

除学历之外，包括院校类型、学习成绩和外语类证书在内的全部其他人力资本变量都对家庭背景综合水平高的高校毕业生使用亲友途径没有显著影响，说明对家庭背景综合水平高的高校毕业生来说，人力资本的提高并不会促使其使用正式途径。但是参照表4－2和前面分学历的求职途径分析的结果，家庭背景较优越的高校毕业生确实倾向于使用亲友途径就业，因此可以推断，家庭背景综合水平较高的高校毕业生选择亲友途径就业的倾向并不会因为其人力资本的提高而发生更改。

对家庭背景综合水平低的高校毕业生来说，“985和211重点院校”虚拟变量的回归系数为－0.572，在0.01水平下显著，优势比为0.564，说明与一般本科院校毕业生相比，985与211重点院校毕业生更倾向于使用正式途径就业，后者比前者使用亲友途径的加权机会低43.6个百分点；但“985和211重点院校”虚拟变量回归系数对家庭背景水平中等和水平高的高校毕业生子样本来说不显著。家庭背景综合水平中等的高校毕业生中，毕业于高职高专院校、民办院校与独立学院的比一般本科院校的更倾向于使用亲友途径就业，其他家庭背景水平的高校毕业生中不存在这种情况。

获得外语类证书仅使得家庭背景综合水平低的高校毕业生更倾向于使用正式途径就业，回归系数为－0.383，在0.01水平下显著，优势比为0.682，即前者使用亲友途径就业的加权机会是未获得外语类证书毕业生的68.2%，但对家庭背景综合水平更高的两个层次的高校毕业生影响不显著。

通过上述分析可以发现，人力资本对求职途径使用的影响在不同家庭背景的高校毕业生中存在差异，而家庭背景的作用也在不同学历的高校毕业生之间存在差别。对家庭背景水平较高的高校毕业生来说，学历的提高并不能改变其对亲友途径的选择，而学历层次高的高校毕业生，家庭背景的优越情况也没有促使他们使用亲友途径就业。但是，这样的差别是否在统计意义上是显著的，需要进一步的分析。

学历层次虚拟变量的回归系数表示不同学历的级差效应，家庭背景综合水平虚拟变量的回归系数表示家庭背景水平的级差效应，本节将引入学历层次和家庭背景综合水平的交互项，以考察某一特定家庭背景和学历群体使用亲友途径的机会。

与之前的回归模型不同，本节为了将家庭背景进行分组，未将家庭人均年收入和家庭社会联系广泛程度作为变量直接放入回归模型，而使用二者整合后的家庭背景综合水平作为代理变量。

加入家庭背景和学历交互项后的回归模型为：

$$\text{Logistic}(P) = \text{Ln}[P/(1-P)] = \beta_0 + \beta_1X_1 + \beta_2X_2 + \beta_3X_3 + \beta_4X_4 + \beta_5X_1X_3 + \beta_6X_1X_4 + \beta_7X_2X_3 + \beta_8X_2X_4 + \sum\beta_jX_j + \varepsilon \quad (4.2)$$

其中，X_1 表示“家庭背景综合水平高”的虚拟变量，毕业生家庭背景综合水平高时，$X_1=1$，否则为0；X_2 表示“家庭背景综合水平低”的虚拟变量，毕业生家庭背景综合水平低时，$X_2=1$，否则为0；X_3 表示“硕士”学历虚拟变量，个案为硕士毕业生时，$X_3=1$，否则为0；X_4 表示“专科”学历虚拟变量，个案为专科毕业生时，$X_4=1$，否则为0。β_1 到 β_4 为各项的回归系数，β_5 到 β_8 为各交互项的回归系数。

其他 X_j 为除家庭背景和学历层次之外的其他变量，β_j 为相应回归系数，不再赘述。β_0 为截距项系数，ε 为随机扰动项。

根据上述回归模型和各项变量的代表意义，各组高校毕业生类别的亲友途径机会比率的对数 $E[\text{Logistic}(P)]$ 分别如下：

家庭背景水平较高的硕士毕业生：$\beta_0+\beta_1+\beta_3+\beta_5+\sum\beta_jX_j$

家庭背景水平较高的本科毕业生：$\beta_0+\beta_1+\sum\beta_jX_j$

家庭背景水平较高的专科毕业生：$\beta_0+\beta_1+\beta_4+\beta_6+\sum\beta_jX_j$

家庭背景水平中等的硕士毕业生：$\beta_0+\beta_3+\sum\beta_jX_j$

家庭背景水平中等的本科毕业生：$\beta_0+\sum\beta_jX_j$

家庭背景水平中等的专科毕业生：$\beta_0+\beta_4+\sum\beta_jX_j$

家庭背景水平较低的硕士毕业生：$\beta_0+\beta_2+\beta_3+\beta_7+\sum\beta_jX_j$

家庭背景水平较低的本科毕业生：$\beta_0+\beta_2+\sum\beta_jX_j$

家庭背景水平较低的专科毕业生：$\beta_0+\beta_2+\beta_4+\beta_8+\sum\beta_jX_j$

本节将着重讨论某一家庭背景水平中，学历对亲友途径影响的定量差别。家庭背景水平较高的硕士毕业生比本科毕业生的亲友途径机会比率对数高 $\beta_3+\beta_5$；家庭背景水平较高的专科毕业生比本科毕业生的亲友途径机会比率对数高 $\beta_4+\beta_6$；家庭背景水平中等的硕士毕业生比本科毕业生的亲友途径机会比率对数高 β_3；家庭背景水平中等的专科毕业生比本科毕业生的亲友途径机会比率对数高 β_4；家庭背景水平较低的硕士毕业生比本科毕业生的亲友途径机会比率对数高 $\beta_3+\beta_7$；家庭背景水平较低的专科毕业生比本科毕业生的亲友途径机会比率对数高 $\beta_4+\beta_8$。

根据以上分析及表4-7中的回归结果，可以得到不同家庭背景毕业生亲友途径机会比率的学历差异。

未加入交互项时，家庭背景和学历层次虚拟变量都显著影响亲友途径的使用；加入家庭背景和学历的交互项之后，模型的拟合优度和模型卡方值都比前一个模型略有提高，模型也通过了整体显著性检验（p 小于 0.01）。

各项回归系数中，家庭背景水平高、家庭背景水平低的回归系数均在 0.01 水平下显著，二者的优势比分别为 1.646 和 0.576，即在控制其他变量时，家庭背景水平高的高校毕业生使用亲友途径就业的加权机会比家庭背景中等的高校毕业生高 64.6%，家庭背景水平低的高校毕业生使用亲友途径就业的加权机会比家庭背景中等的高校毕业生低 42.4%。

学历虚拟变量中，仅"专科"虚拟变量的回归系数在 0.05 水平下显著，为 0.396，优势比为 1.486，说明其他条件不变时，专科毕业生比本科毕业生更倾向于使用亲友途径就业，前者的加权机会是后者的 1.486 倍。

四个家庭背景与学历层次的交互项中，家庭背景水平高 × 硕士的回归系数 -0.890 在 0.1 水平下显著，家庭背景水平低 × 专科的回归系数 0.364 在 0.1 水平下显著。

表 4-7　加入交互项的求职途径回归分析

解释变量	模型一			模型二		
	系　数	标准误	Exp（B）	系　数	标准误	Exp（B）
家庭背景水平高 × 硕士	—	—	—	-0.890*	0.462	0.410
家庭背景水平高 × 专科	—	—	—	-0.227	0.253	0.797
家庭背景水平低 × 硕士	—	—	—	0.068	0.333	1.071
家庭背景水平低 × 专科	—	—	—	0.364*	0.205	1.439
家庭背景水平高	0.365***	0.119	1.441	0.499***	0.155	1.646
家庭背景水平低	-0.391***	0.100	0.677	-0.551***	0.142	0.576
硕　士	-0.412***	0.156	0.662	-0.267	0.254	0.766
专　科	0.522***	0.138	1.685	0.396**	0.190	1.486
父母平均受教育年限	0.041***	0.013	1.042	0.039***	0.014	1.040
985 和 211 重点院校	-0.369***	0.113	0.692	-0.363***	0.113	0.696
高职高专院校	0.527***	0.142	1.694	0.545***	0.142	1.724
民办院校与独立学院	0.328*	0.168	1.388	0.338**	0.169	1.402
学习成绩前 25%	-0.003	0.090	0.997	0.005	0.091	1.005
学习成绩后 25%	-0.253	0.245	0.777	-0.237	0.246	0.789

续上表

解释变量	模型一			模型二		
	系　数	标准误	Exp (B)	系　数	标准误	Exp (B)
获外语类证书	−0.279***	0.098	0.757	−0.279***	0.098	0.757
男　性	−0.058	0.088	0.943	−0.050	0.088	0.951
城镇生源	0.156	0.113	1.169	0.147	0.113	1.158
常　量	−1.899***	0.224	0.150	−1.841***	0.234	0.159
样本量	4 283			4 283		
拟合优度	0.112			0.116		
模型卡方值	297.075			307.977		
显著性概率	0.000			0.000		

注：*，**，***分别代表显著性水平为0.1、0.05和0.01。

根据上述各组毕业生类别的亲友途径机会比率对数的分析可知：

家庭背景水平较高的硕士毕业生亲友途径机会比率对数比本科毕业生的高$\beta_3+\beta_5=-0.267-0.890=-1.157$；家庭背景水平较高的专科毕业生亲友途径机会比率对数比本科毕业生的高$\beta_4+\beta_6=0.396-0.227=0.169$；家庭背景水平中等的硕士毕业生亲友途径机会比率对数比本科毕业生的高$\beta_3=-0.267$；家庭背景水平中等的专科毕业生亲友途径机会比率对数比本科毕业生的高$\beta_4=0.396$；家庭背景水平较低的硕士毕业生亲友途径机会比率对数比本科毕业生的高$\beta_3+\beta_7=-0.276+0.068=-0.208$；家庭背景水平较低的专科毕业生亲友途径机会比率对数比本科毕业生的高$\beta_4+\beta_8=0.396+0.364=0.760$，$e^{0.76}=2.14$，即家庭背景水平较低的专科毕业生使用亲友途径的加权机会是同等条件下本科毕业生的2.14倍。

各变量的回归系数中β_1、β_2、β_4、β_5和β_8显著，其他变量的回归系数则不显著（$p>0.1$），因此，具有统计意义的群体求职途径差异存在于家庭背景水平中等的专科与本科毕业生之间，差异也存在于家庭背景水平较低的专科与本科毕业生之间。

五、本章结论与讨论

（一）主要结论

高校毕业生在求职时为了找到理想的工作，会尽一切可能付出努力，但是在精力、金钱和时间都有限的情况下，高校毕业生会根据自己的客观情况，结合对未来结果的预期，调整求职的策略和行为。而作为尚未进入劳动力市场的高校应届毕业生，他们能够依靠的除了自身的人力资本之外，也会努力动用各种社会关系，这其中，最主要的就是家庭背景所能够提供的经济条件和社会联系。本章就从高校毕业生的人力资本和家庭背景出发，探索高校毕业生对求职途径的选择。

本章的实证分析结果发现，人力资本和家庭背景会在不同程度上影响高校毕业生是否使用亲友途径就业：家庭背景情况越好的高校毕业生越有可能使用亲友途径就业；人力资本越低的高校毕业生越倾向于使用亲友途径就业。

这样的作用对于不同学历层次和不同家庭背景的高校毕业生并不相同：对家庭背景水平较高的高校毕业生来说，学历的提高并不能改变其对亲友途径的选择；家庭背景的优越情况并不会促使硕士毕业生使用亲友途径，仅对本科和专科毕业生有影响，且对专科生的影响程度更大。

本章的最后通过在回归模型中加入交互项，得到不同家庭背景毕业生使用亲友途径机会比率的学历差异，发现家庭背景水平较低的专科毕业生使用亲友途径的加权机会是同等条件下本科毕业生的 2.14 倍，且求职途径差异仅存在于家庭背景水平中等或较低的专科与本科毕业生之间，对于家庭背景水平较高的毕业生来说，学历的差别并未带来求职途径的差异。

（二）不同学历层次毕业生的劳动力市场差别

在不同学历的毕业生劳动力市场中，本科毕业生在选择和使用求职途径时，比其他学历毕业生更多地受到各方面特征的影响，包括家庭背景和人力资本状况：家庭背景越好的本科毕业生越可能使用亲友途径就业，而人力资本水平越高的毕业生越可能使用正式途径就业。与本科毕业生相比，硕士毕业生和专科毕业生的各项变量有显著影响的较少，说明硕士毕业生和专科毕业生在选择和使用求职途径时，受到家庭背景和人力资本的影响较小，更多的是除此之外的其他因素，比如市场环境和个人期待，以及雇主对某种学历毕业生的预期和要求，因此为他们开放的招聘渠道也不同。比如某些专科学校开展了有效的校企合作机制，学生在校期间便开始接触用人单位，其劳动生产率在实习实践阶段就能被雇主有效地观测到，因此不需要其他人力资本变量（比如学习成绩和外语类证书）作为劳动生产率的信号，家庭背景更无法发挥作用。另外，硕士毕业生和本科毕业生在求职时已经面临了分隔的劳动力市场：雇主为了在众多求职者中高效地筛选出理想雇员，可能提高最基本的招聘要求，比如要求应聘者拥有比实际岗位需求更高的学历，因此，大部分硕士毕业生在进入劳动力市场时，其学历的信号已经能够发挥有效的“羊皮纸效应”，使得硕士毕业生不需要其他人力资本和家庭背景在求职过程中发挥作用。

（三）使用亲友途径就业的动机：对是否能够因此找到理想工作的估计

根据前文的理论分析，求职者发出某种行动是出于对求职结果的预期，也就是说，高校毕业生选择亲友途径还是正式途径，取决于对是否能够因此找到理想工作的估计。马莉萍和丁小浩（2009）曾就高校毕业生对求职过程中人力资本与社会关系作用的感知进行过实证研究，验证了人力资本的作用与社会关系网络作用之间的互补关系，即人力资本水平越差的高校毕业生，认为社会关系对求职更重要，而社会关系越有限的高校毕业生，则认为人力资本的求职作用更重要；追求通过社会关系来影响求职结果的高校毕业生，更多的是那些人力资本存量较低的高校毕业生，他们将社会关系的使用当作弥补人力资本不足的重要手段。

本章的结论也符合这样的逻辑，人力资本越高的高校毕业生越可能使用正式途径就业，因为他们能够依靠自己的人力资本优势而获得理想的求职结果，因此可以仅仅使用包括学校就业指导中心的信息和网络招聘在内的正式途径，这类途径比较容易获得、成本较低且不需要额外动用家庭的社会关系网络，这部分高校毕业生没有额外动机使用正式途径之外的亲友途径；而人力资本较低的高校毕业生需要使用额外的努力和投入，使用亲友途径的协助，以弥补人力资本上的不足。家庭背景情况更好的高校毕业生更加倾向于使用亲友途径就业，说明这些高校毕业生在求职过程中对社会关系更加依赖，这背后潜在的行为动机也是为了获得更理想的求职结果。

第五章　求职途径对高校毕业生求职结果的影响分析

上一章的研究结果发现，高校毕业生的家庭背景情况越好或者人力资本水平越低，越有可能使用亲友途径就业，而对家庭背景水平较高的高校毕业生来说，学历的提高并不能改变其对亲友途径的选择。

毕业生进行某种求职决策时，一方面考虑了自身情况和可支配的资源，更重要的是会对这种求职行为带来的求职结果进行预期。然而，某种求职途径是否一定会带来更理想的求职结果，并没有定论。这既是因为求职结果的衡量角度多种多样，不同人群对于未来工作的诉求千差万别，难以统一，也是因为缺乏全面的实证研究经验。

高校毕业生在求职过程中会尽一切努力获得更多的工作机会，这样做一方面可以降低找不到工作的风险，另一方面也便于在若干机会中挑选最为理想的工作。因此，工作机会获得率是本章首先考察的求职结果。另外，教育经济学研究中多使用起薪对收益进行衡量，然而在经济迅猛发展、社会环境不断变化的今天，高校毕业生找工作时也十分注重工作稳定性；而父母也希望子女不必过于辛苦，因此在为子女提供帮助时，也着重考察单位的性质。

综上所述，本章将在第四章研究结果的基础之上，从高校毕业生在劳动力市场中的受接纳程度（工作机会获得率）、初始待遇（起薪）和工作稳定程度（单位性质）这三个不同的角度对求职结果进行衡量，分析亲友途径对高校毕业生求职结果的影响。

另外，劳动力市场中，雇主对不同学历的高校毕业生的期望并不相同，因此拥有不同学历的高校毕业生进入的劳动力市场特征也不同，雇主对他们其他方面的要求也有差别。因此，对高校毕业生求职结果进行分析时，也需要按照高校毕业生的学历层次进行划分，考察不同学历的高校毕业生选择的求职途径的效果。

本章的核心问题是求职途径对求职结果的影响，其中，亲友途径中父母、亲戚、朋友和熟人往往需要在其生活的地区才能够发挥更大的作用，这样可能影响高校毕业生对就业地点的选择。因此，本章也将按照高校毕业生是否回到生源地就业对样本进行划分，对高校毕业生的求职结果进行稳健性分析。

一、变量的描述统计

本节将首先使用描述统计的方法，对使用不同求职途径就业的高校毕业生的求职结果进行分析，观察不同求职途径下高校毕业生的工作机会获得率和月起薪的差别。其中，起薪的单位是“元/月”。

不同求职途径下的各变量分布如表 5－1 所示，使用亲友途径就业的高校毕业生求职时的工作机会获得率平均值为54.8%，略高于使用正式途径就业的高校毕业生（41.2%）；但是使用亲友途径就业的高校毕业生起薪却略低于使用正式途径就业的高校毕业生，前者的平均值为2 787.8 元/月，后者的平均值为3 357.9 元/月；而在各种单位性质之中，使用亲友途径去往国家机关、事业单位和私营企业的高校毕业生比使用正式途径去往同性质单位的比例更高，而使用亲友途径去往国有企业和三资企业的高校毕业生比使用正式途径去往同性质单位的比例更低。

表 5－1　求职结果的描述统计

变　量	统计指标	亲友途径	正式途径
工作机会获得率	平均值	54.8%	41.2%
	标准差	33.1	32.6
	极小值	1	0.2
	极大值	200	400
起薪/（元·月$^{-1}$）	平均值	2 787.8	3 357.9
	标准差	1 349.2	1 769.5
	极小值	500	500
	极大值	10 000	20 000
单位性质（分类变量）	国家机关	7.0%	5.2%
	国有企业	24.9%	33.6%
	事业单位	12.7%	12.0%
	三资企业	4.8%	9.0%
	私营企业	50.6%	40.2%
	合　计	100%	100%

经过变量的统计发现，使用亲友途径就业的高校毕业生求职时的工作机会获得率平均值略高于使用正式途径就业的高校毕业生，但是使用亲友途径

就业的高校毕业生起薪却略低于使用正式途径就业的高校毕业生。同时，不同求职途径下，高校毕业生去往的单位性质也有差异，这会进一步影响高校毕业生进入劳动力市场后的工作稳定性。为了探明这样的差异在多大程度上受到求职途径的影响，本研究将进一步使用回归方法对求职结果进行分析。

二、研究假设与研究方法

（一）研究假设

根据前文的理论分析与统计结果，本章提出以下假设。

假设一：控制其他条件时，高校毕业生更多地使用亲友途径就业，求职过程中的工作机会获得率也更高。

假设二：控制其他条件时，高校毕业生使用亲友途径就业，起薪低于使用正式途径就业的同条件高校毕业生。

假设三：控制其他条件时，亲友途径能够帮助高校毕业生找到更稳定的工作。

为了探明高校毕业生求职途径对求职结果的影响，本章将使用定量回归的方法，对以上研究假设进行验证。

（二）研究方法

本章关注求职途径对高校毕业生求职结果的影响，但是经过上一章的分析可知，高校毕业生的求职途径选择并不是随机的，而是根据自身的人力资本及家庭背景有所改变和调整。

1．倾向得分模型

很多关心干预效果的研究中，存在争议的核心都是实验的随机化。为了实现准随机化的研究，本研究将引入倾向得分作为中间指标。

倾向得分（Propensity Score，PS）是指在一定协变量条件下，一个观察对象可能接受某种处理或干预的可能性，认为倾向得分值相同的两个个体进入两组的可能性相同，此时个体进入处理组还是对照组是随机分配。（Rosenbaum，1983；Rubin，1996；李智文等，2009）

倾向得分模型：当有两个对比组时，倾向得分需要从一个二元因变量回归模型获得，理论上，模型中包括所有分组前的基本协变量，恰当的倾向模型中获得的接受干预的概率即为倾向得分。倾向得分可以帮助我们进行准随机化的研究。

上一章所采用的 Logistic 回归模型形式如下：

$$\text{Logistic}\ (P) = \text{Ln}\ (\frac{P}{1-P}) = \beta_0 + \sum \beta_j X_j + \varepsilon \quad \cdots\cdots (5.1)$$

其中，解释变量 X_j 的含义为影响高校毕业生选择亲友途径的因素，β_j 是相应解释变量的回归系数，表示第 j 个解释变量对亲友途径选择的影响，其取值等于机会比率的变化率。

倾向得分即为：

$$p(F = 1 \mid C_i) = \frac{\exp(\sum \beta_j X_j)}{1 + \exp(\sum \beta_j + X_j)} \quad \cdots\cdots\cdots\cdots\cdots\cdots (5.2)$$

其中，p（$F=1 \mid C_i$）表示对于个案 i（Case No. i）而言，其全部变量信息影响其使用亲友途径的概率，它综合了全部混杂因素的共同作用，将众多的因素综合为一个变量，可以得到每个个体进入干预组的概率。

对倾向得分的运用，除了配对法、分层法和加权法以外，还有回归调整法。回归调整法是将倾向得分直接当作回归调整的一个协变量，与包含估计倾向得分的所有协变量一同加入第二步的效果回归模型，以控制分组时的选择性偏差（D'Agostino，1998）。由于倾向得分综合了各协变量在两组中的分布信息，最大限度地减少共线性作用所导致的偏差，将其纳入最终的模型中就可以调整各协变量的效应。

2. 结果产出模型

本研究中高校毕业生求职结果的代理变量为工作机会获得率和起薪，均为连续变量，将使用最小二乘法（OLS）进行回归。

（1）工作机会获得率。

回归模型为：

$$Y = \beta_0 + \sum \beta_j X_j + \varepsilon \quad \cdots\cdots\cdots\cdots\cdots\cdots\cdots\cdots\cdots\cdots\cdots\cdots (5.3)$$

其中，Y 为被解释变量工作机会获得率，解释变量 X_j 的含义为影响高校毕业生工作机会获得率的各项因素；β_j 是相应解释变量的回归系数，表示第 j 个解释变量对工作机会获得率的影响，相应的被解释变量变化一个单位时，工作机会获得率变化 j 个单位，即 j 个百分点。

β_0 为截距项系数，ε 为随机扰动项。

（2）起薪。为了使起薪数据分布更趋向于正态分布，满足回归分析的条件，同时减小异方差，避免极大值和极小值对回归结果的影响，对起薪的研究将采用 Y 单对数模型，即"常增长率模型"：

$$\text{Ln}Y = \beta_0 + \sum \beta_j X_j + \varepsilon \quad \cdots\cdots\cdots\cdots\cdots\cdots\cdots\cdots\cdots\cdots (5.4)$$

在此模型中，每个参数等于因变量的平均变化率，即解释变量绝对量的一单位变化所引起的因变量的变化率，Y 为被解释变量起薪，单位为

“元/月”，对于解释变量 X_j 来说，其一个单位的变化将导致高校毕业生起薪平均变化 β_j 个百分点。

β_0 为截距项系数，ε 为随机扰动项。解释变量中包括高校毕业生使用亲友途径就业的倾向得分，以控制亲友途径的选择性偏差对结果的影响。

（3）单位性质：在体制内单位就业。工作的稳定性也是高校毕业生求职时的重要考量，本研究将使用单位性质作为工作稳定性的代理变量。经过变量整理，本研究涉及的单位性质包括国家机关、事业单位、国有企业、三资企业和私营企业。其中，国家机关、事业单位和国有企业是由中央或地方财政支持、管理和运行的单位，具有相对的稳定性；与此不同，三资企业和私营企业的员工，尽管也有劳动合同的保护，但相关保障机制仍然不够完善，且企业本身的兴衰波动也较大，因此在三资企业和私营企业工作的员工，稳定性相对更低。基于此，本研究将国家机关、事业单位和国有企业合并为“体制内单位”，认为这一类单位的稳定性相对较高，除了薪酬之外的福利保障也更好；将三资企业和私营企业合并为“体制外单位”，生成“在体制内单位就业”二分变量。

采用 Logistic 回归方法，模型形式如下：

$$\text{Logistic}\ (P) = \text{Ln}\left(\frac{P}{1-P}\right) = \beta_0 + \sum \beta_j X_j + \varepsilon \quad \cdots\cdots \ (5.5)$$

其中，解释变量 X_j 的含义为影响高校毕业生在体制内单位就业的因素，β_j 是相应解释变量的回归系数，表示第 j 个解释变量对高校毕业生在体制内就业的影响，其取值等于机会比率的变化率。

β_0 为截距项系数，ε 为随机扰动项。解释变量中包括高校毕业生使用亲友途径就业的倾向得分，以控制亲友途径的选择性偏差对结果的影响。

（4）解释变量和控制变量。高校毕业生的工作机会获得率和起薪除了会受到个人和家庭特征的影响之外，还会受到某时段某地区劳动力市场经济形势的重要影响，比如经济发达地区，市场活跃、政策优厚、外资充裕，人民整体生活水平和工资待遇都较高，在这样的市场背景下，作为经济活动的一分子，高校毕业生的起薪也可能高于其他地区同行业同条件的高校毕业生。因此，本章的解释变量除了上一章提及的人力资本相关变量（硕士、专科、985 和 211 重点院校、高职高专院校、民办院校与独立学院、学习成绩前 25%、学习成绩后 25%、获外语类证书）、家庭背景变量（父母平均受教育年限、高收入家庭、低收入家庭、家庭社会联系较广泛、家庭社会联系较少）、控制变量（男性、城镇生源）以及使用“倾向得分”控制选择性偏差之外，还将加入经济地区变量，包括“京津沪就业”“东部地区就业”和“西部地区就业”虚拟变量，以“中部地区就业”为基底。

在开始回归分析之前对解释变量的多重共线性进行诊断，结果参见附录中的附表5至附表7，发现各解释变量之间没有严重的多重共线性，认为不影响结果的可靠性，可以进行回归分析。

三、高校毕业生工作获得率的影响分析

高校毕业生最终确定工作之前会使用多种途径帮助求职，其中有亲友途径也有正式途径，但是高校毕业生对各种途径的依赖和投入程度并不相同，也因此影响了高校毕业生在劳动力市场中的表现。其中，工作机会获得率反映了劳动力市场对高校毕业生的接纳情况，工作获得率越高的高校毕业生“找不到工作”的可能性更低，对工作机会的挑选余地更大或更容易达到求职之初的预期目标。

然而工作机会获得率数据的得出是由获得的工作机会数量除以投发的简历数量计算得到，所以其涵盖了整个求职过程中的付出和收获，而非仅仅针对最终确定的那份工作进行讨论。因此，在对工作机会获得率进行讨论时，使用“亲友途径使用强度”作为亲友途径的衡量指标。

（一）求职途径对高校毕业生工作机会获得率的影响分析

本节将使用工作机会获得率为求职结果的代理变量，单位为“百分点”，使用一般线性回归的方法，回归结果如表5－2所示。回归模型的拟合优度的判定系数为0.195，模型总体检验F比等于40.720，显著性水平达到了0.01，说明模型整体显著，设定合理。

本研究的解释变量中有部分虚拟变量，因此，表格中所汇报的回归系数为非标准化系数。

如表5－2所示，亲友途径使用强度的回归系数是0.176，在0.01水平下显著为正，说明在控制其他变量的情况下，高校毕业生在求职过程中越多越强地使用亲友途径，工作机会获得率会显著提高。

在家庭背景变量中，父母平均受教育年限的回归系数为0.285，在0.1水平下显著，表明父母平均受教育年限每提高一年，子女求职时的工作机会获得率会提高0.285个百分点；家庭社会联系较少虚拟变量的回归系数为－3.579，说明与家庭社会联系程度一般的毕业生相比，前者的工作机会获得率在0.01水平下显著更低，低了约3.579个百分点。家庭背景变量中，家庭人均年收入虚拟变量的回归结果不显著。

表5－2 工作机会获得率的影响因素回归结果

	变 量	系 数	标准误
	亲友途径使用强度	0.176***	0.032
家庭背景变量	父母平均受教育年限	0.285*	0.162
	高收入家庭	1.786	1.562
	低收入家庭	－1.520	1.115
	家庭社会联系较广泛	0.723	1.638
	家庭社会联系较少	－3.579***	1.138
人力资本变量	硕 士	－11.962***	1.549
	专 科	9.610***	3.348
	985和211重点院校	－8.805***	1.267
	高职高专院校	10.763***	3.499
	民办院校与独立学院	－0.190	2.291
	学习成绩前25%	4.539***	1.045
	学习成绩后25%	0.388	2.432
	获外语类证书	－3.362***	1.231
控制变量	男 性	5.879***	1.034
	城镇生源	0.073	1.239
	京津沪就业	－1.857	1.787
	东部地区就业	－3.136**	1.293
	西部地区就业	0.961	1.560
	国家机关	13.071***	2.294
	国有企业	1.186	1.253
	三资企业	－0.998	1.875
	事业单位	8.267***	1.776
	截距项	32.064	3.092
	样本量	3 769	
	拟合优度	0.195	
	模型总体检验 F 比	40.720	
	显著性概率	0.000	

注：1. *，**，***分别代表显著性水平为0.1、0.05和0.01；2. 家庭收入虚拟变量的基底：中等收入；家庭社会联系广泛程度虚拟变量的基底：联系中等；学历虚拟变量基底：本科；学校类型虚拟变量基底：一般本科院校；学习成绩虚拟变量基底：学习成绩中等；单位所在地区虚拟变量基底：中部地区就业；单位性质虚拟变量基底：民营或个体私营企业。

在人力资本变量中，高校毕业生的学历、毕业院校类型、学习成绩和获外语类证书都会影响工作机会获得率。其中，硕士毕业生与本科毕业生相比，工作机会获得率更低（0.01 水平），其他条件不变时，硕士毕业生的工作机会获得率比本科毕业生低接近 12 个百分点；相比之下，专科毕业生的工作机会获得率更高，比本科毕业生高了接近 10 个百分点。在院校类型的各虚拟变量中，985 和211 重点院校的回归系数 -8.805 在0.01 水平下显著，说明在其他条件不变时，与一般本科院校的毕业生相比，985 和 211 重点院校毕业生求职时的工作机会获得率低了接近 9 个百分点，这可能是因为 985 和 211 重点院校毕业生的求职预期较高，发放简历的目标单位或职位竞争比较激烈，相对录用率更低；与此相反，高职高专院校虚拟变量的回归系数为 10.763，在 0.01 水平下显著为正，说明高职高专院校毕业生比一般本科院校毕业生在同等条件下拥有更高的工作机会获得率，且增幅接近 11 个百分点，当然这也与高校毕业生投放简历的目标单位有关，高职高专院校毕业生的就业预期更为理性和现实，因此可能更倾向于给那些竞争性较低的岗位投简历，而获得更多的工作机会；民办院校与独立学院的虚拟变量回归结果不显著。另外，学习成绩在前 25% 的高校毕业生比成绩中等的高校毕业生更容易获得工作机会，前者比后者高 4.539 个百分点，在 0.01 水平下显著。获外语类证书虚拟变量的回归系数也显著为负，这可能是因为有些竞争性较高的单位明确要求高校毕业生持有外语类证书，因此，没有外语类证书的高校毕业生只能向没有此要求的单位应聘，而这类单位的职位更容易获得。此外，控制其他变量时，男性比女性毕业生更容易获得工作机会，前者的工作机会获得率比后者高接近 6 个百分点。

（二）求职途径对高校毕业生工作机会获得率影响的学历差异

按照学历层次，将高校毕业生样本划分为三个子样本，分别进行回归分析，探讨亲友途径对工作机会获得率的学历差异。

使用一般线性回归方法，对工作机会获得率进行回归，三个回归方程的总体显著性检验 F 比的伴随概率均小于 0.01，说明模型设定合理，回归结果如表 5 -3 所示。

表 5-3　分学历的工作机会获得率回归结果

变　量	专　科		本　科		硕　士	
	系　数	标准误	系　数	标准误	系　数	标准误
亲友途径使用强度	0.250**	0.100	0.184***	0.037	0.033	0.059
父母平均受教育年限	-0.120	0.407	0.513**	0.200	0.204	0.330
高收入家庭	-1.825	4.120	2.581	1.892	1.882	3.146
低收入家庭	-3.931	2.496	-1.949	1.388	5.064*	2.597
家庭社会联系较广泛	-4.611	3.634	2.967	2.040	2.357	3.900
家庭社会联系较少	-2.353	2.595	-3.221**	1.442	-7.013***	2.412
985 和 211 重点院校	-31.001***	8.459	-6.179***	1.347	-14.325***	3.302
高职高专院校	-4.414	6.320	-15.015	20.096	—	—
民办院校与独立学院	-18.661	13.381	2.883	2.299	—	—
学习成绩前 25%	4.829**	2.358	5.897***	1.344	2.380	2.147
学习成绩后 25%	-10.916	12.663	-0.168	2.576	1.121	5.694
获外语类证书	-2.221	2.466	-4.727***	1.553	-5.526	4.061
男　性	2.780	2.376	7.585***	1.327	5.416**	2.157
城镇生源	1.233	2.698	-1.541	1.590	2.366	2.747
京津沪就业	-2.170	5.197	-0.236	2.359	-3.762	3.462
东部地区就业	1.980	2.920	-4.195**	1.652	-5.741*	3.293
西部地区就业	4.043	4.269	1.027	1.862	-2.091	3.896
国家机关	8.185	7.989	15.960***	2.742	12.702***	4.422
国有企业	-4.660	3.427	2.196	1.456	3.939	3.300
三资企业	2.107	5.036	-2.755	2.170	7.363	4.840
事业单位	4.658	5.131	5.927**	2.317	11.489***	3.588
截距项	55.711***	9.679	28.390***	3.863	31.409***	7.581

注：1. 被解释变量为"工作机会获得率"；2. *，**，***分别代表显著性水平为 0.1、0.05 和 0.01。

回归结果显示，亲友途径使用强度对硕士毕业生的工作机会获得率没有显著影响，而对本科毕业生和专科毕业生来说，亲友途径使用强度的回归系数均显著为正（显著性概率小于 0.05），说明控制其他变量时，本科毕业生和专科毕业生越多越强地使用亲友途径会显著地提高工作机会获得率，而硕士毕业生工作机会获得率的提高并不显著依赖于亲友途径的使用。可以注意到，专科毕业生的亲友途径使用强度的回归系数比本科毕业生的更高。

（三）求职途径对高校毕业生工作机会获得率影响的就业地点差异

按照是否回到生源地就业将高校毕业生样本划分为两个子样本，使用一般线性回归方法，对工作机会获得率进行回归，两个回归方程的总体显著性检验 F 比的伴随概率均小于 0.01，说明模型设定合理，回归结果如表 5－4 所示。

表 5－4　分是否回原籍就业的工作机会获得率回归结果

变　量	在生源地就业		在外地就业	
	系　数	标准误	系　数	标准误
亲友途径使用强度	0.189***	0.045	0.166***	0.043
父母平均受教育年限	0.213	0.223	0.392*	0.233
高收入家庭	2.426	2.153	0.720	2.257
低收入家庭	－1.895	1.522	－0.760	1.631
家庭社会联系较广泛	1.429	2.086	－0.773	2.706
家庭社会联系较少	－4.977***	1.527	－1.955	1.715
硕　士	－9.478***	2.397	－14.539***	2.019
专　科	8.523**	3.927	12.007*	7.134
985 和 211 重点院校	－8.013***	1.862	－8.855***	1.760
高职高专院校	10.368**	4.104	12.764*	7.409
民办院校与独立学院	－0.595	2.648	－4.802	9.051
学习成绩前 25%	3.576**	1.405	6.136***	1.563
学习成绩后 25%	6.518*	3.850	－4.099	3.054
获外语类证书	－3.913**	1.585	－2.324	1.978
男　性	5.816***	1.376	5.819***	1.577
城镇生源	0.680	1.728	－0.524	1.756
京津沪就业	－0.475	4.454	－0.106	2.580
东部地区就业	－3.196*	1.681	－0.588	2.364
西部地区就业	0.763	1.965	3.389	2.794
国家机关	9.056***	3.018	20.357***	3.619

续上表

变　量	在生源地就业		在外地就业	
	系　数	标准误	系　数	标准误
国有企业	-2.069	1.734	5.903***	1.824
三资企业	-3.269	2.778	1.934	2.496
事业单位	6.813***	2.426	9.796***	2.640
截距项	34.467***	4.174	25.390***	4.795

注：1. 被解释变量为“工作机会获得率”；2. *，**，***分别代表显著性水平为0.1、0.05和0.01。

回归结果显示，对于在生源地就业的毕业生而言，亲友途径使用强度的回归系数（0.189）略大于在外地就业的情况（0.166），但是无论对于在生源地就业还是外地（生源地以外）就业的高校毕业生，亲友途径使用强度对工作机会获得率的影响均为正，且都在0.01水平下显著，验证了亲友途径使用强度对高校毕业生工作机会获得率影响的稳健性。

（四）小结

经过前述的定量分析可以发现，在高校毕业生求职的整个过程中，亲友途径确实能够发挥帮助高校毕业生获得更多工作机会的作用，其他条件相同的情况下，亲友途径使用强度越大，工作机会获得率越高。

本科毕业生和专科毕业生越多地依赖和使用亲友途径会显著地提高工作机会获得率，而硕士毕业生工作机会的提高并不显著依赖于亲友途径的使用。无论高校毕业生是否在生源地就业，亲友途径使用强度都对工作机会获得率具有显著的正影响，由此可见，亲友途径的使用强度对高校毕业生工作机会获得率的正向影响具有较强的稳健性。

然而工作机会获得率只是高校毕业生求职结果的一个指标，并不能全面地反映其在劳动力市场上的表现，即使某种特征的高校毕业生更容易获得工作机会，但是工作岗位的职位、收入水平和其他待遇并不一定优厚。因此，要观察求职途径对高校毕业生求职结果的影响，还需要从其他角度观测求职结果。

四、高校毕业生起薪的影响分析

尽管对亲友途径的投入能够带来工作机会的回报，然而这是否能够同样带来工作待遇的回报，是高校毕业生使用亲友途径的根本预期，也是在若干工作机会中确定最终选择项的依据。因此，在对求职过程中工作机会获得率进行考察之后，将使用起薪作为求职结果的测量指标，描述高校毕业生进入劳动力市场后的初始经济待遇，单位为“元/月”。因为高校毕业生最终只能选择一个工作机会，且调查问卷中对求职途径的问题是针对最终确定的那份工作，因此高校毕业生找到工作所使用的求职途径与这份工作的起薪具有一一对应的关系，使用“起薪”为被解释变量时，求职途径的代理变量使用“亲友途径”二分变量。由上一章的研究结果可知，高校毕业生使用求职途径并非随机行为，因此需要使用高校毕业生进入某一群组的倾向得分来控制选择性偏差，在本章中即为解释变量中的“倾向得分”。

（一）求职途径对高校毕业生起薪的影响分析

对高校毕业生确定工作后的起薪进行分析，使用常增长率模型，即对起薪数据取对数，回归结果见表5－5。回归模型的拟合优度为0.444，说明所涉及的人力资本、家庭背景变量和控制变量解释了高校毕业生起薪差距的44.4%；模型总体检验F比等于131.862，显著性水平达到了0.01，说明模型整体显著，设定合理。解释变量的非标准化回归系数如表5－5所示。

亲友途径的回归系数是－0.035，在0.05水平下显著，说明在控制其他变量的情况下，使用亲友途径就业会导致高校毕业生起薪低于同条件的使用正式途径就业的高校毕业生，平均比例为3.5%。

高校毕业生通过亲朋好友的帮助求职，却又愿意接受起薪更低的工作，一方面可能因为依赖亲友途径就业的高校毕业生是那些仅使用正式途径不能顺利找到工作的群体，他们的劳动生产率低于预期理想目标岗位的要求，雇主并不会支付给他们更高的薪酬，因此他们比同条件的使用正式途径就业的高校毕业生起薪更低。另一方面可能因为高校毕业生求职时对于求职结果的偏好具有差别，一些工作具有更强的稳定性和非经济性的福利回报，但是每月发放的工资却不高，拥有社会资源的家庭仍愿意付出努力使高校毕业生获得这样的工作机会，因此仅从起薪上考察，并不会得到比其他同条件高校毕业生更高的经济回报。

表 5－5　高校毕业生起薪的影响因素回归结果

变量		系数	标准误
	亲友途径	－0.035**	0.015
家庭背景变量	父母平均受教育年限	0.003	0.003
	高收入家庭	0.080***	0.018
	低收入家庭	－0.063***	0.013
	家庭社会联系较广泛	－0.035	0.027
	家庭社会联系较少	0.055***	0.021
人力资本变量	硕士	0.348***	0.020
	专科	－0.340***	0.048
	985 和 211 重点院校	0.157***	0.018
	高职高专院校	－0.075*	0.040
	民办院校与独立学院	－0.172***	0.028
	学习成绩前 25%	0.059***	0.012
	学习成绩后 25%	－0.008	0.028
	获外语类证书	0.061***	0.017
控制变量	男性	0.074***	0.012
	城镇生源	－0.004	0.014
	京津沪就业	0.345***	0.020
	东部地区就业	0.120***	0.015
	西部地区就业	0.036**	0.018
	国家机关	－0.104***	0.026
	国有企业	0.029**	0.014
	三资企业	0.124***	0.021
	事业单位	－0.108***	0.020
	倾向得分	0.772***	0.273
	截距项	7.596***	0.049
	样本量/个	3 937	
	拟合优度	0.444	
	模型总体检验 *F* 比	131.862	
	显著性概率	0.000	

注：1. *，**，***分别代表显著性水平为 0.1、0.05 和 0.01；2. 家庭收入虚拟变量的基底：中等收入；家庭社会联系广泛程度虚拟变量的基底：联系中等；学历虚拟变量基底：本科；学校类型虚拟变量基底：一般本科院校；学习成绩虚拟变量基底：学习成绩中等；单位所在地区虚拟变量基底：中部地区就业；单位性质虚拟变量基底：民营或个体私营企业。

使用亲友途径就业的高校毕业生，虽然比使用正式途径就业的同条件高校毕业生起薪更低，但是这一幅度并不大，3.5%的概念可以这样理解：在样本中抽取毕业于一般本科院校、学历为本科的高校毕业生个案，对起薪进行描述统计可以得到这一类高校毕业生起薪的平均值约为3 126元/月。如果按照这一薪资水平进行比较，假设某一个使用正式途径就业的一般本科院校的本科毕业生能获得3 126元/月的起薪，则3.5%约为109元，其他条件相同的使用亲友途径就业的毕业生的起薪为3 017元，并不是巨大的差别，而高校毕业生在决定接受工作机会之时，这109元的工资差别并不会影响决策，如果起薪更低的这份工作稳定性较好，或者相对轻松舒适，高校毕业生也会接受。因此本章后续也将会对代表工作稳定性和福利待遇的单位性质进行探讨。

考察家庭背景变量对高校毕业生起薪的影响，与工作机会获得率不同，父母平均受教育年限对高校毕业生起薪并没有显著影响；除此之外，家庭人均年收入水平和家庭社会联系广泛程度对高校毕业生起薪的影响均显著。其中，家庭人均年收入较高的高校毕业生起薪在0.01水平下显著高于来自中等收入家庭的高校毕业生，平均增幅为8.0%；低收入家庭的高校毕业生起薪显著（0.01水平）低于家庭收入中等的高校毕业生，平均降幅为6.3%。但是，家庭社会联系广泛程度的影响却与家庭收入的影响方向相反，家庭社会联系较少的高校毕业生起薪比一般家庭的高校毕业生起薪更高，在0.01水平下显著，平均增幅为5.5%。

在人力资本变量中，回归结果一致表明，在其他条件相同的情况下，人力资本越高的高校毕业生起薪越高。“硕士”与“专科”虚拟变量的回归系数分别为0.348和-0.340，说明其他变量相同时，硕士毕业生比本科毕业生的起薪平均高34.8%，专科毕业生比本科毕业生的起薪平均低34.0%；“985和211重点院校”虚拟变量的回归系数为0.157，在0.01水平下显著，高职高专院校、民办院校与独立学院的回归系数分别为-0.075和-0.172，说明与一般本科院校毕业生相比，985和211重点院校毕业生的起薪平均高15.7%，高职高专院校毕业生起薪平均低7.5%，而民办院校与独立学院的毕业生起薪更低，比一般本科院校毕业生平均低17.2%。学业表现方面，“学习成绩前25%”以及“获外语类证书”虚拟变量的回归系数均显著为正（0.01水平），学习成绩前25%的高校毕业生比成绩中等的同条件高校毕业生起薪平均高5.9%，获外语类证书的高校毕业生比未获得的高校毕业生起薪平均提高6.1%。

上一部分的分析发现，人力资本越高的高校毕业生求职时的工作机会获得率越低，推断可能是因为人力资本高的毕业生倾向于向竞争性较高的单位或职位投递简历；而本部分的回归结果显示，人力资本越高的高校毕业生起薪越高，说明这部分高校毕业生确实预期待遇更高，而待遇较高的单位竞争性也较强，这在一定程度上验证了上一章的推断。

（二）亲友途径对高校毕业生起薪影响的学历差异

由于不同学历的高校毕业生对教育的投资成本有较大差异，因此他们在进入劳动力市场时，对工作待遇的预期并不相同，面临的雇主要求也不相同。为了分析求职途径对高校毕业生起薪影响的稳健性，本部分将高校毕业生样本按照学历进行划分，分析亲友途径对高校毕业生起薪影响的学历差异。

将样本分为专科、本科和硕士子样本，使用常增长率模型的回归方法，对毕业生月起薪进行回归，三个回归方程的总体显著性检验 F 比的伴随概率均小于0.01，模型设定合理，回归结果如表5－6所示。

对于本科毕业生来说，亲友途径的回归系数为－0.037，在0.1水平下显著，说明控制其他变量时，一个使用亲友途径就业的本科毕业生与同岗位的使用正式途径就业的本科毕业生相比起薪更低，平均低幅为3.7%；对于硕士毕业生而言，使用亲友途径就业的起薪也比使用正式途径就业的起薪更低，且低幅更大，为9.6%；亲友途径对专科毕业生的起薪没有显著影响。

同时可以注意到，本科和硕士毕业生的人力资本和家庭背景变量中，家庭收入、家庭社会联系、院校类型和学业表现均会显著影响高校毕业生的起薪，说明本科和硕士学历毕业生进入劳动力市场时，雇主会根据其各方面特征的展现来评估其劳动生产率，制定薪资标准；同时，他们的家庭背景也会影响其是否接受雇主的薪酬设定，进而决定是否接受工作机会。但是对于专科毕业生来说，人力资本变量中只有学习成绩对起薪具有显著影响（0.05水平），家庭背景变量中也只有低收入家庭的回归系数显著（0.05水平），而其他的人力资本变量和家庭背景变量系数并不显著，说明专科毕业生求职时，雇主对其劳动生产率的观测并不取决于本研究中所列举的指标，可能是专科生在校培养环节中已经通过实习实践向雇主传递劳动生产率的信号，所以求职环节中其他因素的作用将不明显，且专科毕业生的整体薪资水平较低，数据差异不明显。

表5-6 分学历的起薪回归结果

变量	专科		本科		硕士	
	系数	标准误	系数	标准误	系数	标准误
亲友途径	-0.019	0.025	-0.037*	0.020	-0.096*	0.055
父母平均受教育年限	0.013	0.015	-0.001	0.004	-0.014	0.010
高收入家庭	0.053	0.046	0.071***	0.022	0.154***	0.050
低收入家庭	-0.065**	0.027	-0.068***	0.016	-0.061	0.040
家庭社会联系较广泛	0.147	0.138	-0.106**	0.045	-0.328**	0.132
家庭社会联系较少	-0.198	0.143	0.146***	0.035	0.199**	0.098
985和211重点院校	-0.178	0.120	0.218***	0.027	0.269***	0.082
高职高专院校	-0.065	0.076	-0.073	0.228	—	—
民办院校与独立学院	0.201	0.156	-0.247***	0.035	—	—
学习成绩前25%	0.051**	0.024	0.052***	0.015	0.090***	0.033
学习成绩后25%	0.022	0.119	-0.001	0.030	0.122	0.091
获外语类证书	-0.054	0.074	0.102***	0.024	0.294***	0.077
男性	0.070**	0.030	0.062***	0.015	0.158***	0.035
城镇生源	0.080*	0.041	-0.028	0.018	-0.055	0.043
京津沪就业	0.414***	0.051	0.288***	0.026	0.373***	0.052
东部地区就业	0.015	0.029	0.146***	0.018	0.185***	0.050
西部地区就业	-0.032	0.042	0.039*	0.021	0.034	0.059
国家机关	-0.003	0.081	-0.043	0.030	-0.398***	0.067
国有企业	0.032	0.034	0.040**	0.016	-0.108**	0.050
三资企业	0.129**	0.050	0.099***	0.024	0.174**	0.073
事业单位	-0.023	0.049	-0.067***	0.026	-0.286***	0.054
倾向得分	-1.611	1.453	2.067***	0.577	5.995**	2.345
截距项	8.010***	0.340	7.384***	0.086	7.408***	0.257

注：1. 被解释变量为“起薪（对数）”；2. *，**，***分别代表显著性水平为0.1、0.05和0.01。

（三）求职途径对高校毕业生起薪影响的就业地点差异

按照是否回到生源地就业将高校毕业生样本划分为两个子样本，使用常增长率模型的回归方法，对高校毕业生月起薪进行回归，结果如表5-7所示。

表 5-7 分是否回原籍就业的起薪回归结果

变 量	在生源地就业		在外地就业	
	系 数	标准误	系 数	标准误
亲友途径	-0.047***	0.018	-0.011	0.027
父母平均受教育年限	0.003	0.003	0.006	0.004
高收入家庭	0.045*	0.024	0.107***	0.027
低收入家庭	-0.055***	0.017	-0.086***	0.019
家庭社会联系较广泛	-0.013	0.035	-0.061	0.045
家庭社会联系较少	0.020	0.029	0.077**	0.034
硕 士	0.297***	0.029	0.396***	0.029
专 科	-0.317***	0.058	-0.327***	0.095
985 和 211 重点院校	0.129***	0.025	0.159***	0.027
高职高专院校	-0.088*	0.046	-0.003	0.081
民办院校与独立学院	-0.130***	0.032	-0.211*	0.112
学习成绩前 25%	0.055***	0.015	0.057***	0.018
学习成绩后 25%	-0.022	0.041	-0.007	0.037
获外语类证书	0.069***	0.022	0.027	0.028
男 性	0.057***	0.015	0.094***	0.019
城镇生源	0.015	0.019	-0.018	0.021
京津沪就业	0.341***	0.049	0.279***	0.031
东部地区就业	0.081***	0.018	0.112***	0.028
西部地区就业	0.020	0.022	0.038	0.033
国家机关	-0.058*	0.033	-0.149***	0.043
国有企业	0.077***	0.019	-0.023	0.021
三资企业	0.140***	0.030	0.100***	0.030
事业单位	-0.070***	0.026	-0.151***	0.031
倾向得分	0.660*	0.350	0.775	0.493
截距项	7.610***	0.062	7.652***	0.086

注：1. 被解释变量为“起薪（对数）”；2. *，**，***分别代表显著性水平为0.1、0.05和0.01。

两个回归方程的总体显著性检验 F 比的伴随概率均小于0.01，模型设定合理。对于在生源地就业的高校毕业生，使用亲友途径就业对起薪具有显著的影响，系数为 -0.047，在0.01 水平下显著，说明回到生源地就业的高校毕业生如果使用亲友途径就业，起薪比同条件的使用正式途径就业的高校毕业生低4.7 个百分点；而在外地就业的高校毕业生使用亲友途径就业并不显著地影响起薪。

以上结果说明，回到生源地就业的高校毕业生使用亲友途径时，却更可能接受起薪更低的工作。然而高校毕业生额外使用亲友的帮助，且这种帮助发生在生源所在地，即亲友途径更能发挥作用的环境，本应该帮助高校毕业生获得更高的职业回报，直观的推测是提高入职起薪，但是数据结果却显示了相反的结论，说明这种额外的亲友帮助所带来的回报并不是针对经济性的指标，而是出于其他方面的考虑，可能是出于对工作的舒适度、稳定性及未来发展前景的考虑。

对于这一假设，将在下一部分中进行检验。

（四）小结

本部分的研究发现，在控制其他变量的情况下，使用亲友途径就业会导致高校毕业生起薪低于同条件的使用正式途径就业的高校毕业生，平均比例为3.5%。使用亲友途径就业的本科毕业生，与同岗位的使用正式途径就业的本科毕业生相比起薪更低，平均低幅为3.7%；对于硕士毕业生而言，使用亲友途径就业的起薪也比使用正式途径就业的硕士毕业生更低，且低幅更大，为9.6%；亲友途径对专科毕业生的起薪没有显著影响。回到生源地就业的高校毕业生如果使用亲友途径就业，起薪比同条件的使用正式途径就业的高校毕业生低4.7 个百分点；而在外地就业的高校毕业生使用亲友途径就业并不显著地影响起薪。

起薪是高校毕业生离开学校进入劳动力市场后的初始经济回报，教育经济学中关于各项资本投资的回报也多以起薪为指标。然而经过近年来的金融风波，高校毕业生在找工作时对工作稳定性和发展前景也逐渐看重，而不仅考虑起薪的高低。

五、高校毕业生就业单位性质的影响分析

经过上一部分关于高校毕业生起薪的分析可以发现，高校毕业生借助额外帮助找寻工作时，进行决策时的考量不一定仅仅关注起薪，通过亲友途径的帮助，高校毕业生会接受起薪更低的工作，因此，可以推断高校毕业生及其家庭对工作回报的预期不仅包括起薪，还包括工作带来的福利待遇和未来

的稳定性，甚至对这种体制内的稳定性更加看重。

为了验证这一假设，本部分将使用就业单位的性质作为求职结果的代理变量，代表工作的稳定性和工资收入以外的福利待遇水平。如果高校毕业生的工作单位是“体制内单位”，则认为其受到更稳定的制度保障，不容易被解雇，工资以外的福利更好，社会地位更高，这样的单位包括国家机关、事业单位和国有企业；除此之外的单位包括三资企业和私营企业，以及乡镇企业和其他类型的企业，但是乡镇企业和其他类型企业的特征难以与以上各单位共同讨论，因此本研究中将不对这些单位进行探讨。不同类型的单位中高校毕业生的分布情况如表 5－8 所示。

表 5－8　不同类型的单位中高校毕业生的分布情况

单位性质	求职途径		
	亲友途径/%	正式途径/%	全体个案/%
国家机关	7.0	5.2	5.5
事业单位	12.7	12.0	12.2
国有企业	24.9	33.6	32.1
私营企业	50.6	40.2	42.0
三资企业	4.8	9.0	8.2
合　计	100	100	100

对于本研究定义的“体制内单位”，去往国家机关的高校毕业生中，使用亲友途径就业的比例为 7.0%，而使用正式途径就业的比例为 5.2%；去往事业单位的高校毕业生中，使用亲友途径就业的比例也高于使用正式途径就业的比例；但是去往国有企业的毕业生中，使用亲友途径就业的比例却低于使用正式途径就业的比例。对于“体制外单位”，去往私营企业的高校毕业生中，使用亲友途径就业的比例高于使用正式途径就业的比例，高了 10.4 个百分点；但是去三资企业的高校毕业生中，使用亲友途径就业的比例却低于使用正式途径就业的比例。

在实际生活中，我国对公务人员和事业单位员工的招聘逐渐形成了一套完善的规则和流程，应届高校毕业生在进入国家机关和事业单位时，都需要经过严格的考试程序，并存在前期的多种标准限制。因此，本研究前期理论基础中关于雇主和求职者博弈与行为动机的逻辑并不适用于上述环节，国家机关和事业单位构成的劳动力市场与其他性质单位构成的劳动力市场具有较大的差别，无法与其他单位同等讨论。因此，本研究在进行单位性质考察时，将不对进入国家机关和事业单位的高校毕业生进行考察。

（一）求职途径对高校毕业生就业单位性质的影响分析

为了探讨高校毕业生使用亲友途径对进入体制内单位就业的影响，本部分将使用回归分析方法，以“在体制内单位就业”虚拟变量为被解释变量，使用 Logistic 回归方法，回归方程如下：

$$\text{Logistic}(P) = \text{Ln}[P/(1-P)] = \beta_0 + \beta_1 X_1 + \beta_2 X_2 + \beta_3 X_1 X_2 + \sum \beta_j X_j + \varepsilon \quad (5.6)$$

其中，P 代表高校毕业生“在体制内单位就业”的概率，X_1 表示“亲友途径”虚拟变量，高校毕业生通过亲友途径就业时，$X_1 = 1$，否则为 0；X_2 表示“在生源地就业”的虚拟变量，高校毕业生如果回到生源地就业，$X_2 = 1$，否则为 0；X_1X_2 为二者的交互项；β_1 到 β_3 为各项的回归系数。

其他 X_j 为除了亲友途径和在生源地就业之外的其他变量，β_j 为相应回归系数，不再赘述。β_0 为截距项系数，ε 为随机扰动项。

根据上述回归模型和各项变量的代表意义，各组高校毕业生在体制内单位就业的机会比率的对数 $E[\text{Logistic}(P)]$ 分别如下：

使用正式途径且在外地就业的高校毕业生：$\beta_0 + \sum \beta_j X_j$

使用亲友途径且在外地就业的高校毕业生：$\beta_0 + \beta_1 + \sum \beta_j X_j$

使用正式途径且在生源地就业的高校毕业生：$\beta_0 + \beta_2 + \sum \beta_j X_j$

使用亲友途径且在生源地就业的高校毕业生：$\beta_0 + \beta_1 + \beta_2 + \beta_3 + \sum \beta_j X_j$

对于回到原籍就业的高校毕业生，使用亲友途径比使用正式途径去往体制内单位就业的机会比率的对数高 $\beta_1 + \beta_3$；

对于在外地就业的高校毕业生，使用亲友途径比使用正式途径去往体制内单位就业的机会比率的对数高 β_1；

对于使用亲友途径就业的高校毕业生，回到原籍比在外地就业于体制内单位的机会比率的对数高 $\beta_2 + \beta_3$。

由此，可以得到使用不同求职途径对于就业单位性质的影响。

使用二元 Logistic 回归方法，模型的拟合优度为 0.253%，模型卡方值为 666.769，通过整体显著性检验（P 小于 0.01），回归结果如表 5 -9 所示。

各项回归系数中，亲友途径的回归系数 $\beta_1 = -0.550$，在 0.01 水平下显著；在生源地就业的回归系数 $\beta_2 = 0.243$，在 0.05 水平下显著；二者的交互项回归系数 $\beta_3 = 0.553$，在 0.05 水平下显著。

根据前文分析，对于回到原籍就业的高校毕业生，使用亲友途径比使用正式途径去往体制内单位就业的机会比率的对数高 0.003，计算得到优势比为 1.003；对于在外地就业的高校毕业生，使用亲友途径比使用正式途径去往体制内单位就业的机会比率的对数高 0.243，优势比为 1.275；对于使用亲友途径就业的高校毕业生，回到生源地比在外地就业于体制内单位的机会比率的对数高0.796，优势比为2.217。

综上所述，高校毕业生无论回到生源地就业还是在外地就业，使用亲友途径就业总是比使用正式途径就业更可能进入体制内单位。这说明无论何处就业，在薪酬回报之外，高校毕业生使用亲友途径时都更倾向于进入体制内单位就业，说明他们在起薪带来的直接经济收益之外可能更加注重体制内单位带来的独特回报，包括对工作单位的归属感和安全感，劳动生产率下降后的薪酬稳定性，年老和伤病后的福利保障等。这一结果也能够侧面解释上一部分关于起薪的分析结果。高校毕业生在选择工作时可能并不将起薪作为考虑和追求的关键动因，在花费了额外的投入之后，如果得到的若干工作机会中有的起薪更高但是在体制外单位，有的起薪更低但是为体制内单位，使用亲友途径就业的高校毕业生会更倾向于选择后者。

表5-9 亲友途径对单位性质的回归结果

变 量	系 数	标准误	Exp (B)
亲友途径×在生源地就业	0.553**	0.252	1.739
亲友途径	-0.550***	0.210	0.577
在生源地就业	0.243**	0.100	1.276
父母平均受教育年限	0.063***	0.019	1.065
高收入家庭	0.028	0.131	1.029
低收入家庭	0.102	0.094	1.108
家庭社会联系较广泛	0.017	0.206	1.017
家庭社会联系较少	0.097	0.158	1.102
硕 士	0.865***	0.169	2.375
专 科	-1.373***	0.372	0.253
985和211重点院校	-0.018	0.130	0.983
高职高专院校	-0.754**	0.308	0.471
民办院校与独立学院	-1.681***	0.235	0.186
学习成绩前25%	0.181**	0.088	1.199
学习成绩后25%	0.276	0.185	1.318
获外语类证书	0.246*	0.126	1.278
男 性	0.492***	0.089	1.636
城镇生源	-0.016	0.104	0.984

续上表

变　量	系　数	标准误	Exp（B）
京津沪就业	-0.042	0.163	0.959
东部地区就业	-0.098	0.113	0.907
西部地区就业	0.784***	0.128	2.189
月起薪	0.000	0.000	1.000
倾向得分	2.636	2.174	13.954
截距项	-1.759***	0.393	0.172
样本量	3 513		
拟合优度	0.253		
模型卡方值	666.769		
显著性概率	0.000		

注：1. 被解释变量为“在体制内单位就业”；2. *，**，***分别代表显著性水平为0.1、0.05和0.01；3. 家庭收入虚拟变量的基底：中等收入；家庭社会联系广泛程度虚拟变量的基底：联系中等；学历虚拟变量基底：本科；学校类型虚拟变量基底：一般本科院校；学习成绩虚拟变量基底：学习成绩中等；单位所在地区虚拟变量基底：中部地区就业。

（二）亲友途径对单位性质影响的学历差异

不同学历的高校毕业生对毕业后的收益期望也不相同，对于经济回报和其他福利的看重程度也不相同。因此本部分将高校毕业生按照学历层次划分为三个子样本，分别对其就业后的单位性质进行回归，三个回归方程的显著性概率均小于0.01。回归结果如表5-10所示。

表5-10　分学历的单位性质回归结果

变　量	专　科		本　科		硕　士	
	系　数	标准误	系　数	标准误	系　数	标准误
亲友途径×在生源地就业	1.040	0.706	0.404	0.313	1.691	1.110
亲友途径	-1.025	0.666	-0.337	0.253	-1.625***	0.597
在生源地就业	0.084	0.301	0.235**	0.114	0.412	0.349

续上表

变量	专科		本科		硕士	
	系数	标准误	系数	标准误	系数	标准误
父母平均受教育年限	-0.076	0.135	0.069**	0.031	-0.135	0.098
高收入家庭	0.362	0.407	-0.064	0.161	0.721*	0.408
低收入家庭	0.351	0.235	0.147	0.114	-0.440	0.340
家庭社会联系较广泛	-1.896	1.244	0.130	0.339	-1.435	1.166
家庭社会联系较少	1.756	1.274	0.089	0.266	1.591*	0.923
985和211重点院校	-0.615	1.010	-0.144	0.205	3.486***	0.853
高职高专院校	-1.850***	0.555	0.541	1.438	—	—
民办院校与独立学院	-2.103	1.294	-1.638***	0.299	—	—
学习成绩前25%	-0.120	0.211	0.197*	0.110	0.477	0.276
学习成绩后25%	-18.807	—	0.300	0.211	1.864**	0.801
获外语类证书	1.060	0.670	0.223	0.180	0.793	0.685
男性	0.238	0.270	0.603***	0.114	0.732**	0.301
城镇生源	-0.454	0.364	0.092	0.130	-0.934**	0.376
京津沪就业	-1.222	0.803	-0.040	0.195	-0.909	0.630
东部地区就业	0.009	0.258	-0.152	0.136	-1.238**	0.589
西部地区就业	1.066***	0.322	0.782***	0.149	-0.891	0.632
月起薪	0.000	0.000	0.000	0.000	0.000***	0.000
倾向得分	18.084	12.914	2.014	4.510	46.260*	23.677
截距项	-6.166**	3.034	-2.162***	0.685	-4.057	2.541

注：1. 被解释变量为“在体制内单位就业”；2. *，**，***分别代表显著性水平为0.1、0.05和0.01。

回归结果显示，专科毕业生进入劳动力市场时选择何种性质的单位并不受到求职途径的显著影响。实际上对其人力资本和家庭背景进行观察，发现具有显著影响的变量只有学校类型和控制变量中的就业地区。这说明专科毕业生在劳动力市场中的选择余地相对比较小，其求职结果更多地受制于专科生本身的学历和掌握的技能，即便比其他专科毕业生的能力更强或家庭背景更优越，体制内单位对其学历的接纳仍然具有限制。

对于本科毕业生来说，求职途径并不对其是否进入体制内单位具有影响，但是可以发现回到生源地就业的高校毕业生显著（0.05水平）更多地进入体制内单位，回归系数为0.235，优势比为1.265，说明回到生源地就业的本科毕业生可能更加追求生活的舒适性和工作的稳定性。而对于硕士学历的毕业生，亲友途径的回归系数为 -1.625，在 0.01 水平下显著，优势比为 0.197，说明使用亲友途径就业的硕士毕业生比使用正式途径就业的硕士毕业生进入体制内单位的加权机会小 80.3 个百分点。

（三）小结

本部分以高校毕业生进入劳动力市场后选择的单位性质为研究对象，以在体制内就业的工作稳定性、归属感和其他福利待遇为代理变量，考察高校毕业生在选择工作机会时，在起薪之外对其他工作回报的追求和选择。

研究发现高校毕业生无论回到生源地就业还是在外地就业，使用亲友途径就业的都比使用正式途径就业的更可能进入体制内单位，说明高校毕业生在看重起薪带来的直接经济收益之外，使用亲友途径就业时可能更加注重体制内单位的工作稳定性。

六、求职途径对高校毕业生求职结果影响的家庭背景差异

本研究的另一个关注点是高校毕业生的家庭背景。为了探明求职途径对不同家庭背景高校毕业生求职结果的影响，本部分按照个案的家庭背景综合水平，将样本分成三个子样本，分别进行回归分析，探讨亲友途径对工作机会获得率和高校毕业生起薪影响的家庭背景差异。

（一）求职途径对高校毕业生工作机会获得率影响的家庭背景差异

将样本按照个案的家庭背景综合水平分为三个子样本，使用一般线性回归方法，对工作机会获得率进行回归，三个回归方程的总体显著性检验 F 比的伴随概率均小于 0.01，模型设定合理，回归结果如表 5-11 所示。

回归结果显示，亲友途径使用强度对任何家庭背景高校毕业生的工作获得率都有显著影响（显著性概率小于 0.05），回归系数均为正，说明对所有家庭背景的高校毕业生而言，更多地使用亲友途径均能增加其找到工作的可能性；但各项的回归系数略有差别：对家庭背景综合水平从低到高的高校毕业生，亲友途径使用强度的回归系数依次为 0.162、0.213 和 0.251，说明在控制其他变量的情况下，增大使用亲友途径的强度对家庭背景水平优越的高校毕业生，工作机会获得率的提高幅度更大，即虽然使用亲友途径对全部高校毕业生而言都能提高工作机会获得率，但这样的促进作用对家庭背景更优越的高校毕业生来说，增加的幅度更大。

表5－11 分家庭背景的工作机会获得率回归结果

变 量	家庭背景水平低	家庭背景水平中等	家庭背景水平高
亲友途径使用强度	0.162***	0.213***	0.251**
	(0.036)	(0.065)	(0.099)
硕 士	－8.320***	－9.018***	－10.119***
	(1.788)	(2.865)	(3.765)
专 科	19.165***	19.817***	2.294
	(2.175)	(3.318)	(4.415)
985和211重点院校	－11.683***	－8.147***	－12.213***
	(1.505)	(2.408)	(2.940)
高职高专院校	0.558	1.210	12.184**
	(2.544)	(3.574)	(5.181)
民办院校与独立学院	－1.208	5.690	－0.723
	(2.991)	(3.881)	(4.744)
学习成绩前25%	4.915***	2.390	5.727**
	(1.314)	(1.980)	(2.570)
学习成绩后25%	－0.239	4.130	－0.861
	(2.837)	(5.223)	(6.182)
获外语类证书	－2.720*	－4.272*	－4.147
	(1.528)	(2.375)	(2.975)
父母平均受教育年限	0.243	0.768***	0.192
	(0.191)	(0.288)	(0.372)
男 性	7.213***	3.983**	2.994
	(1.306)	(1.873)	(2.481)
城镇生源	1.070	－0.581	7.147
	(1.343)	(2.748)	(5.021)
京津沪就业	1.329	－7.849**	－2.087
	(2.201)	(3.396)	(4.337)
东部地区就业	－3.689**	－1.574	－6.655**
	(1.605)	(2.458)	(3.274)
西部地区就业	2.243	2.389	－2.576
	(1.908)	(2.965)	(3.899)
截距项	29.035***	28.470***	33.210***
	(3.240)	(5.766)	(8.852)

注：1. 回归结果表格中，无括号的数字为回归系数，括号中的数字为标准误；2. *，**，***分别代表显著性水平为0.1、0.05和0.01。

（二）求职途径对高校毕业生起薪影响的家庭背景差异

将样本按照个案的家庭背景综合水平分为三个子样本，使用常增长率模型的回归方法，对高校毕业生起薪进行回归，三个回归方程的总体显著性检验F比的伴随概率均小于0.01，说明模型设定合理，仅汇报回归结果显著的主要变量，如表5－12所示。

回归结果显示，亲友途径对任何家庭背景高校毕业生的起薪都有显著影响（显著性概率小于0.1），回归系数均为负，说明对所有家庭背景的高校毕业生而言，使用亲友途径就业均降低了起薪；但各项的回归系数略有差别：对家庭背景综合水平从低到高的高校毕业生，亲友途径的回归系数依次为－0.040、－0.051和－0.059。在控制其他变量的情况下，家庭背景综合水平低的高校毕业生使用亲友途径就业时，起薪比使用正式途径就业的同等条件高校毕业生平均低4%；该数值对于家庭背景综合水平中等的高校毕业生来说，为5.1%；而对于家庭背景综合水平高的高校毕业生来说，使用亲友途径就业时，起薪比使用正式途径就业的同等条件高校毕业生平均降低5.9%。可以发现，虽然使用亲友途径就业对于全部高校毕业生而言，都会使起薪低于使用正式途径就业的高校毕业生，但这样的作用对家庭背景更优越的高校毕业生来说，降低的幅度更大。

表5－12　分家庭背景的起薪回归结果

变　量	家庭背景水平低	家庭背景水平中等	家庭背景水平高
亲友途径	－0.040*	－0.051**	－0.059*
	(0.022)	(0.025)	(0.034)
硕　士	0.289***	0.244***	0.291***
	(0.023)	(0.035)	(0.051)
专　科	－0.292***	－0.164***	－0.203***
	(0.031)	(0.046)	(0.065)
985与211重点院校	0.185***	0.092***	0.063
	(0.019)	(0.031)	(0.045)
高职高专院校	0.032	0.048	－0.120
	(0.038)	(0.054)	(0.082)
民办院校与独立学院	－0.143***	－0.079*	－0.133**
	(0.036)	(0.045)	(0.064)
学习成绩前25%	0.054***	0.059***	0.059*
	(0.015)	(0.022)	(0.032)
学习成绩后25%	－0.047	－0.088	0.027
	(0.015)	(0.056)	(0.078)

续上表

变量	家庭背景水平低	家庭背景水平中等	家庭背景水平高
获外语类证书	0.045**	-0.010	0.032
	(0.020)	(0.031)	(0.042)
父母平均受教育年限	0.007***	0.013***	0.013**
	(0.003)	(0.004)	(0.006)
男性	0.090***	0.039*	0.043
	(0.016)	(0.021)	(0.031)
城镇生源	0.030*	-0.008	0.047
	(0.016)	(0.031)	(0.061)
京津沪就业	0.310***	0.390***	0.465***
	(0.026)	(0.037)	(0.054)
东部地区就业	0.143***	0.124***	0.152***
	(0.019)	(0.027)	(0.041)
西部地区就业	0.045**	0.031	0.089*
	(0.023)	(0.033)	(0.049)
倾向得分	-0.182	-0.998***	-0.147
	(0.255)	(0.339)	(0.413)
截距项	7.636***	7.880***	7.698***
	(0.041)	(0.072)	(0.116)

注：1. 回归结果表格中，无括号的数字为回归系数，括号中的数字为标准误；2. *，**，***分别代表显著性水平为0.1、0.05和0.01。

（三）小结

将亲友途径对求职结果的回归系数按照家庭背景综合水平进行比较后可以发现（见表5-13），亲友途径对高校毕业生工作机会获得率和起薪的影响确实具有家庭背景上的差异，增强使用亲友途径就业对全部高校毕业生而言都能提高工作机会获得率，但这样的促进作用对家庭背景更优越的高校毕业生来说，增加的幅度更大；而使用亲友途径就业对全部高校毕业生而言都会使起薪低于使用正式途径就业的高校毕业生，且对家庭背景更优越的高校毕业生来说，降低的幅度更大。

由此可见，对家庭背景综合水平低的高校毕业生来说，使用亲友途径就业时，对工作机会获得率的提高效果不如家庭背景综合水平高的高校毕业生，但是对起薪的副作用也弱于家庭背景综合水平高的高校毕业生；而家庭背景综合水平高的高校毕业生使用亲友途径求职时，虽然能够帮助其找到工作的可能性更大，但也同时对起薪产生了较大的副作用。

以上差别可能与各类高校毕业生所找寻的工作类型有关，也与动用亲友途径所能带来的资源价值高低有关，即同样使用亲友途径就业时，有些协助是为了帮助高校毕业生获得更多的信息或内部消息，而不会直接促进高校毕业生成功应聘；有些亲友途径的帮助，则是体现在提供有效的影响力，干预某些聘用环节或影响聘用结果，提高高校毕业生的求职成功率。上述两种方式中，后一种方式更加能够有效地提高工作机会获得率。

表 5－13　不同家庭背景高校毕业生求职结果的回归系数

被解释变量	关键解释变量	家庭背景综合水平		
		较　高	中　等	较　低
工作机会获得率	亲友途径使用强度	0. 251**	0. 213***	0. 162***
起　薪	亲友途径	－0. 059*	－0. 051**	－0. 040*

注：1. *，**，***分别代表显著性水平为 0. 1、0. 05 和 0. 01；2. 工作机会获得率，采用一般线性回归方法；起薪的单位为元/月，采用常增长率模型回归方法。

在前文的分析中可以发现，高校毕业生使用亲友途径就业会增加工作机会获得率，但会降低平均起薪，说明使用亲友途径所找到的工作主要是在市场中收入较低的工作，这样的工作既可能是小公司基础职员这一类地位较低较不稳定的工作，也可能是事业单位公务人员这一类福利较好、地位更高并有极大晋升空间的工作。本节前一部分的研究显示，使用亲友途径就业时，家庭背景综合水平低的高校毕业生的工作机会获得率的增幅以及起薪的降幅都较小，而家庭背景综合水平高的高校毕业生的工作机会获得率的增幅以及起薪的降幅都更大一些。将这一结果应用于此，可以推断，同样是使用亲友途径，家庭背景综合水平低的亲友为高校毕业生提供的可能主要是补充性的信息，而未能直接帮助其成功应聘。因此，高校毕业生的工作机会获得率比起使用正式途径就业的高校毕业生，增幅不会很大。而又因为亲友提供的只是补充信息而不是直接影响力，则使用亲友途径就业的高校毕业生还是要与其他条件相同而使用正式途径就业的高校毕业生在劳动力市场中发生竞争，因此起薪更接近市场平均水平，与使用正式途径就业的高校毕业生的差距则较小。家庭背景综合水平高的亲友为高校毕业生提供的可能还有直接的影响力，能够有效地促使高校毕业生成功应聘。在这样的情况下，高校毕业生的工作机会获得率与同样条件却使用正式途径就业的高校毕业生相比，增加的幅度较大；又因为这时的亲友途径提供的影响力有效增加了找到工作的可能性，则这些高校毕业生与使用正式途径就业的高校毕业生并没有在劳动力市场中发生充分的竞争，则起薪的差距也就更大。

七、本章结论与讨论

（一）本章主要结论

即使在欧美等劳动力市场制度较完善的国家中，人们在就业和求职过程中还是会依靠自己的社会网络关系，求职者可以通过自己的社会关系网络来获得信息与帮助，从而容易找到理想的工作。为了验证这样的非正式关系对我国高校毕业生的求职结果是否产生影响，本章以高校毕业生求职阶段的工作机会获得率、确定工作的起薪和就业单位性质作为度量标准，分析求职途径对高校毕业生求职结果的作用。主要结论如下。

1. 求职过程中，增大亲友途径的使用强度可以帮助高校毕业生获得更多的工作机会

本章首先发现，增强亲友途径的使用会显著提高高校毕业生工作机会获得率，帮助高校毕业生找到工作。

从社会网络理论和企业绩效理论的关系视角来看，雇主希望通过适应环境、降低道德风险和交易成本以及与其他网络增加关联来提高绩效。而通过亲友途径，用人单位增进了对高校毕业生的了解，降低了道德风险和交易成本，也希望未来获取一些附加资源，因此在其他条件相同的情况下，雇主有充分的动机雇佣那些通过亲友途径或非正式求职途径找寻工作的求职者。

因此本章的第一个结论，从这一方面验证了先前提出的理论假设，也说明这样的西方市场理论一定程度上适用于我国的高校毕业生劳动力市场。

2. 对于条件相同的高校毕业生，使用亲友途径就业比使用正式途径就业的起薪更低

对于求职途径来说，在控制其他变量的情况下，虽然高校毕业生在求职过程中越多越强地使用亲友途径，工作机会获得率会显著得到提高，但是使用亲友途径就业却会导致高校毕业生起薪低于使用正式途径就业的高校毕业生，降低的平均比例为3.5%（如表5－5所示）。可见，虽然动用亲友途径确实会帮助高校毕业生更容易找到工作，但是找到的工作带来的收入却更低，说明使用亲友途径所找到的工作主要是在市场中收入较低的工作。

然而这样的工作也具有不同的性质：有些工作的全部收益即是薪酬，且稳定性不高，社会地位也不高，比如小公司的基础职员或体力工作者。如果使用亲友途径找到的工作是这一类，说明亲友途径的使用仅仅是为了减少“找不到工作”的可能性，避免失业情况的发生，为无奈之举。而另一些工作的薪酬待遇虽然较低，但是稳定性较高，其他方面的福利更好、地位更

高、资源更多以及未来可晋升的空间更大，比如政府或事业单位等体制内的工作。如果是为了找到这一类的工作，那么使用亲友途径就不是迫不得已为了避免失业的无奈策略，而是稳定和延续优势家庭资源的方式，这将不利于劳动力市场的充分竞争，并拉大社会阶层间的差距。

3. 高校毕业生在薪酬回报之外更加重视工作的稳定性和其他福利待遇，使用亲友途径就业的高校毕业生更可能进入体制内单位就业

本章使用单位性质作为工作稳定性和福利待遇的代表指标，以"进入体制内单位就业"为被解释变量，发现高校毕业生无论回到生源地就业还是在外地就业，使用亲友途径就业的高校毕业生都比使用正式途径就业的高校毕业生更可能进入体制内单位，说明高校毕业生在起薪带来的直接经济收益之外，使用亲友途径帮助时可能更加注重体制内单位的工作稳定性。

（二）讨论

1. 接受更低起薪的动机分析

高校毕业生通过亲朋好友的帮助进行求职，为什么又愿意接受起薪更低的工作？

通过上一章的研究可以发现，人力资本越高的高校毕业生越可能使用正式途径就业，而家庭背景情况更好的高校毕业生更加倾向于使用亲友途径就业，说明这些高校毕业生在求职过程中对社会关系更加依赖。在上一章推断，这些额外的努力和投入是为了弥补人力资本上的不足，认为这背后潜在的行为动机还是为了提高在劳动力市场中的待遇。然而本章的实证结果推翻了这一推论，使用亲友途径就业的高校毕业生比同等条件的高校毕业生起薪更低。

可以将原因归纳为两条。一方面，是求职者真实能力与工作要求的不匹配。根据上一节的分析，求职过程中，亲友途径的使用能够帮助高校毕业生获得显著更多的工作机会，那么依赖亲友途径的高校毕业生，更可能是那些仅仅使用正式途径并不能顺利找到工作的群体，他们的劳动生产率可能更低，至少低于预期理想目标岗位的要求，而他们对自己的劳动生产率更为了解，因此需要通过亲友的帮助，以获得超出实际能力的工作，但雇主并不会支付给他们高于其劳动生产力的薪酬，因此他们比同条件的使用正式途径就业的高校毕业生起薪更低。另一方面，可能因为高校毕业生对求职结果中非经济的收益更加看重。由于我国人事编制管理方式的特点，一些体制内的工作具有更强的稳定性和更高的非经济性的福利回报，但是每月发放的工资标准却不高，而这样的工作由于更加稳定且社会地位较高，受到高校毕业生及其家庭的青睐，他们愿意付出更多努力以获得这样的工作机会，因此会使用

可能的家庭社会资源对高校毕业生予以帮助。如果成功应聘，这些通过亲友途径付出的成本，其回报会隐藏在未来非经济性的稳定度和其他保障，而仅从起薪上考察，并不会得到比其他同条件高校毕业生更高的经济回报，因此通过定量方法进行分析时，就会观察到尽管额外使用了亲友途径的帮助，高校毕业生却接受了起薪更低的工作。

但是从另一个角度考虑，高校毕业生采取行动的预期估计当然是更好的求职结果，更快更多地获得工作机会也是“求职成功”的理想之一，从这个标准来看，使用亲友途径的确为高校毕业生带来了这方面的回报。

然而以工作机会获得率作为标准，过度地追求和依赖社会关系带来的工具性效果，便忽视了人力资本的作用，并不利于个人的长期职业发展和地位获得，这些结论也在马莉萍和丁小浩（2009）的研究中得到发现，本研究中发现的起薪上的劣势，也是另一个佐证。如果高校毕业生过分依赖家庭背景优势所带来的亲友途径的协助，虽然能够“安全”地获得更多工作机会的保障，远离失业的危险，却在起薪上低于同条件的其他高校毕业生。钟云华（2011）认为招聘者无论是单位所有者还是单位代理人，都不会给求职过程中通过社会资本施加影响而获得工作机会的求职者以更高的待遇与报酬。对于作为单位所有者的招聘者而言，如果两名求职者的人力资本并无明显差异，却给了使用社会资本获得工作机会的求职者更高的工资，便会损失自己作为单位所有者的利益；而对于作为单位代理人的招聘者而言，如果给人力资本相同而社会资本不同的高校毕业生以不同的薪酬待遇，尽管这样并不会给自身带来多大的经济损失，却把违规操作的结果公开化，具有一定风险。总体来看，教育投资的个人收益仍然可观，这对于我们坚定教育投资的信念起到了支持作用。

这一研究结论也侧面证明了我国高校毕业生劳动力市场定价的公正性与竞争性。如前文中对企业绩效理论的关系视角的论述，虽然出于提高绩效等动机的考虑，在同等条件下，雇主可能更倾向于聘用使用亲友途径求职的高校毕业生，但是市场对劳动力的定价还是依据劳动生产率的。如上一章所示的结果，使用亲友途径就业的更多的是人力资本较低的高校毕业生，他们虽然依靠亲友途径求职而比同条件的其他高校毕业生获得更多的工作机会，但是市场仍然依据他们的人力资本所带来的真实劳动生产率予以报酬，即比同条件的其他高校毕业生获得更低的起薪。

2．亲友途径作用的学历差异

本章将亲友途径对求职结果的作用进行了学历差异分析，发现对本科毕业生和硕士毕业生具有显著的负影响（0.1 水平），但是利用亲友途径就业对专科毕业生的起薪没有显著影响。首先，可能是因为专科毕业生的劳动生产率能够更多地通过其在校期间的实习时间，或其他专业技术证明得以体现，雇主对通过其他特征来衡量专科毕业生的劳动生产率的需求更小一些，或者通过中间人的介绍来考察专科毕业生与工作的匹配情况。其次，也说明专科毕业生进入劳动力市场时，求职方式与本科及硕士毕业生具有较大差别。根据现实经验，许多专科学校在为专科生制定课程安排时，有一半左右的课时是实习实践，专科生可以通过校企合作的途径进入用人单位实习，有些在毕业后直接留在该单位工作。最后，在我国的劳动力市场中，技术工种的整体工资水平较低，专科毕业生在劳动力市场中的待遇整体都处于较低水平，差异很小。以上因素都会使得利用亲友途径就业对专科毕业生的起薪影响不显著。

3. 研究结论的稳健性

为了研究不同类型高校毕业生的求职结果，并检验求职途径作用的稳健性，将高校毕业生按照不同类型进行划分，回归结果的关键系数汇总如表5-14和表5-15所示。本研究发现无论对于何种类型的高校毕业生，对工作机会获得率的回归结果均为正，对起薪的回归结果均为负，确定了前面研究结果的稳健性。

然而亲友途径的使用也可能出于不同的策略考虑，对于家庭背景不同以及人力资本不同的高校毕业生，使用亲友途径就业的效果也可能不同。如果优势家庭的高校毕业生求职时，亲友途径能发挥更大的作用，而弱势家庭高校毕业生的情况则相反，那么亲友途径的使用则会加剧社会分化；亲友途径对不同学历高校毕业生求职结果影响的差别，也会反映不同学历高校毕业生劳动力市场的竞争情况。

表5-14　亲友途径对求职结果回归系数的对照

被解释变量	全部个案	学历层次			是否在生源地就业	
		专科	本科	硕士	是	否
工作机会获得率	0.176***	0.257***	0.191***	0.033	0.189***	0.166***
起薪	-0.035**	-0.028	-0.045**	-0.084	-0.047***	-0.011

注：1. 表格中数字为各自回归方程中"亲友途径"解释变量的回归系数和显著性水平标示；2. *，**，***分别代表显著性水平为0.1、0.05和0.01；3. 工作机会获得率，采用一般线性回归方法；起薪的单位为元/月，采用常增长率模型回归方法。

表 5－15　亲友途径对求职结果的影响方向

	工作机会获得率	起　薪	在体制内就业
亲友途径	+	－	+

将亲友途径中的父母、亲戚途径和朋友、熟人途径进行作用比较，其中，父母、亲戚是高校毕业生先天拥有的具有血缘关系的社会联系，关联性更强，关系更稳定，互动也更加频繁。而朋友、熟人是高校毕业生后天结识的社会关系，关联性更弱，稳定性相对较差，互动更少。

将朋友、熟人途径作为基底，分析父母、亲戚途径的作用是否比前者显著更强，分别使用工作机会获得率和起薪作为求职结果的代理变量，并分学历和家庭背景水平分别回归，将关键变量的回归系数汇总如表 5－16 所示。

各回归方程的总体显著性检验 F 比的伴随概率小于 0.01，均通过总体显著性检验。无论对于工作机会获得率还是起薪进行回归，发现与朋友、熟人途径相比，父母、亲戚途径并不对求职结果产生显著影响，将样本按照个案的学历和家庭背景水平进行划分后，回归结果仍然不显著。

与使用朋友、熟人途径的高校毕业生相比，依赖父母、亲戚途径找寻工作的高校毕业生并没有获得更多的工作机会，即没有更容易地找到工作；最终通过父母、亲戚途径找到工作的高校毕业生起薪也与使用朋友、熟人途径找到工作的高校毕业生相比没有显著差异。

回顾本章之前关于亲友途径对求职结果的影响分析，结果发现，控制其他变量的情况下，高校毕业生在求职过程中越多越强地使用亲友途径，工作机会获得率会显著得到提高；但是使用亲友途径就业却会导致高校毕业生起薪低于使用正式途径就业的高校毕业生，降低的平均比例为 3.5%。当我们进一步在亲友关系内部分析父母、亲戚途径和朋友、熟人途径对求职结果的影响时，却发现与使用朋友、熟人途径相比，父母、亲戚途径的使用无论对工作机会获得率还是起薪都没有显著影响。

表 5－16　父母、亲戚比朋友、熟人对求职结果影响的作用对照

被解释变量	全部个案	学历层次		家庭背景水平		
		专　科	本　科	较　高	中　等	较　低
工作机会获得率	0.105	0.005	0.061	0.189	0.001	0.091
起　薪	－0.014	－0.058	0.058	－0.025	0.034	－0.054

注：1. 表格中数据为回归系数；2. 回归结果未标注星号，表示回归结果不显著。

因此可以推断出，其他条件不变的情况下，仅从求职途径的角度来看，导致求职结果差异的因素只来自于正式途径和亲友途径之间的差别，而不来自于亲友途径内部关系的差别。也就是说，高校毕业生在求职时，只要是使用了父母、亲戚或朋友、熟人的帮助就会对求职结果产生作用，但究竟是使用父母、亲戚这种相对联系较强的关系还是朋友、熟人这种相对较弱的关系，对求职结果的影响不会产生显著的差别。

第六章　求职途径对职业代际传递的影响

——中介效应与调节效应辨析

在高校毕业生的求职过程中，亲友途径的使用在不同程度上对求职的效率和结果产生了影响。经过上一章的研究可以发现，高校毕业生使用亲友途径就业会增加工作机会获得率，但会降低平均起薪，说明使用亲友途径所找到的工作主要是在市场中收入较低的工作，这样的工作也具有不同的性质：有些工作的全部收益即是薪酬，且稳定性不高，社会地位也不高，比如小公司的基础职员或体力工作；而另外的一些工作虽然薪酬待遇较低，但是稳定性较高，其他方面的福利更好、地位更高、资源更多，以及未来可晋升的空间更大，比如政府或事业单位等体制内的工作。在上一章后续的研究中进一步探讨了不同家庭背景高校毕业生的求职结果对亲友途径的响应，发现家庭背景综合水平低的高校毕业生使用亲友途径就业时，工作机会获得率的增幅以及起薪的降幅都较小，而家庭背景综合水平高的高校毕业生使用亲友途径就业时，工作机会获得率的增幅以及起薪的降幅都更大一些。这可能是因为不同家庭背景的高校毕业生，在亲友途径帮助下找到的工作性质和职位高低不同，即处于不同的劳动力市场中。同时，除了工作机会获得率和起薪以外，职业的类型也是高校毕业生求职结果的重要衡量维度，有时甚至是影响高校毕业生是否接受工作机会的决定性因素。

为了进一步探讨亲友途径的使用对高校毕业生求职结果的影响，本章将根据劳动力市场分割理论，将职业类型的市场归属划分为高收益劳动力市场和低收益劳动力市场，分析亲友途径对职业类型的作用，从而进一步对高校毕业生所找到的工作的职业类型进行细致研究。

“代际”一词源于经济学的资本理论，之所以被用于教育经济学，是因为教育被看成是可以提高人的素质和生产力的人力资本投资的主要方式。在父子职业的代际传递过程中，求职途径作为中间媒介将发挥重要作用，但是具体的作用机制可能有两种：第一种可能，可以将求职途径比喻成“桥梁”，父辈的职业类型决定了子女使用的求职途径，而父辈在职业上的信息、资源和影响力通过亲友途径传递给子女，并因此影响了子女的职业情况；第二种可能，可以将求职途径比喻成“催化剂”，即父辈的职业对子女的职业具有直接的代际传递关系，而子女求职途径的选择并不直接受到父辈职业类型的影响，而某种求职途径也不会导致高校毕业生更有可能进入某种职业，但是使用亲友途径就业时，父子职业的代际传递和匹配的密切程度却会受到影响，加强“子承父业”的关联。

一、高校毕业生与父辈职业的匹配情况分析

（一）变量的描述统计

由于本研究的主要变量为高校毕业生及父辈的职业类型，因此将仅关注具有“职业类型”变量的个案；同时，本研究将对不同学历的毕业生与父辈职业类型匹配情况进行分析，而有效样本中，专科学历中毕业于民办院校与独立学院的毕业生仅有 11 个个案，对回归结果的解释性造成不稳定影响，因此，将此 11 个个案的院校类型做缺失值处理，其他变量不变。

经过上述调整，本章研究的有效样本量为 2 724。将父辈职业类型与子女职业类型按照求职途径进行描述，交叉表分析结果见表 6－1，其中，各个数值为相应项的个案数量在各组样本中所占的比例。

表 6－1　高校毕业生与父辈职业类型的基本描述

父辈职业		子女职业		
		高收益劳动力市场/%	低收益劳动力市场/%	合计/%
全部个案	高收益劳动力市场	36.3	7.5	43.8
	低收益劳动力市场	41.1	15.1	56.2
	合　计	77.4	22.6	100
亲友途径	高收益劳动力市场	42.9	6.1	49.0
	低收益劳动力市场	34.7	16.3	51.0
	合　计	77.6	22.4	100
正式途径	高收益劳动力市场	34.9	7.8	42.7
	低收益劳动力市场	42.5	14.8	57.3
	合　计	77.4	22.6	100

如表 6－1 所示，对于全部个案而言，父辈与子女职业同在高收益劳动力市场的个案比例为 36.3%，使用亲友途径就业时，该数值为 42.9%，比全部个案的比例高 6.6 个百分点，而使用正式途径就业的高校毕业生中，父

子同在高收益劳动力市场的个案占比为34.9%，比使用亲友途径就业的情况低8个百分点；在低收益劳动力市场中也存在这样的规律：父子同在低收益劳动力市场的个案在总样本中占15.1%，对于使用亲友途径和正式途径就业的高校毕业生来说，该数值分别为16.3%和14.8%，二者分别高于和低于全部个案的情况。因此，无论对于高收益劳动力市场的职业还是低收益劳动力市场的职业，使用亲友途径就业时，父辈与子辈同在一个劳动力市场的比例都大于使用正式途径就业时的情况。

考察父辈与子女职业不在同一劳动力市场的情况，发现使用正式途径就业时，无论是父辈在高收益劳动力市场而子女在低收益劳动力市场的比例还是父辈在低收益劳动力市场而子女在高收益劳动力市场的比例都高于平均水平，并高于使用亲友途径就业的个案中相应情况的比例。

总而言之，通过描述统计的分析结果发现，亲友途径的使用在一定程度上会促进父辈职业类型和子女职业类型的固定，而使用正式途径就业时，会阻碍父子职业类型的固定。

（二）高校毕业生与父辈职业类型的相关性分析

经过统计分析可以发现，使用亲友途径就业时，父子职业类型固定的可能性更大，而使用正式途径就业则父子职业类型不相同的可能性更大，但是二者是否存在密切的线性相关关系，需要进行相关性分析。因此，本部分将对父辈与子辈的职业类型进行相关性检验。

由于本研究中“子女在高收益劳动力市场”和“父辈在高收益劳动力市场”均为二分变量，因此使用肯德尔相关分析法（Kendall's tau-b）与斯皮尔曼相关分析法（Spearman），相关分析所得到的肯德尔秩相关系数与斯皮尔曼秩相关系数相同，因此不再分别汇报。按照全部个案、使用正式途径就业的高校毕业生和使用亲友途径就业的高校毕业生分别进行分析，所得结果如表6-2所示。

结果显示，对于全部个案构成的样本来说，“子女在高收益劳动力市场”和“父辈在高收益劳动力市场”的肯德尔秩相关系数与斯皮尔曼秩相关系数均为0.117，它们之间不相关的假设成立的概率小于0.01，因此，认为在显著性水平0.01下，子女在高收益劳动力市场与父辈在高收益劳动力市场之间存在显著的正相关关系。

表 6-2　高校毕业生在高收益劳动力市场与父辈在高收益劳动力市场的变量相关系数

全部个案	正式途径	亲友途径
0.117（p = 0.000）	0.091（p = 0.000）	0.234（p = 0.000）

注：1. 表中所列数据为相关系数，括号内数值为双尾显著性的伴随概率 p 值；2. 方法为肯德尔相关分析法与斯皮尔曼相关分析法，两种方法结果相同。

将使用正式途径就业与使用亲友途径就业的个案分为两个子样本，分别进行相关分析后，发现对使用正式途径就业的高校毕业生来说，“子女在高收益劳动力市场”和“父辈在高收益劳动力市场”的肯德尔秩相关系数与斯皮尔曼秩相关系数均为0.091，它们之间不相关的假设成立的概率小于0.01，二者存在显著的正相关关系；而对使用亲友途径就业的高校毕业生来说，“子女在高收益劳动力市场”和“父辈在高收益劳动力市场”的肯德尔秩相关系数与斯皮尔曼秩相关系数均为0.234，它们之间不相关的假设成立的概率小于0.01，二者存在显著的正相关关系。

通过以上分析结果可以发现，无论对于全部个案还是使用不同求职途径的高校毕业生来说，父辈职业类型和高校毕业生子女职业类型的相关系数均显著为正，说明二者确实存在密切的线性相关关系。

然而，从相关系数的具体数值上观察，可以发现使用正式途径就业的高校毕业生与父辈职业类型的相关系数比全体个案的相关系数更小，说明使用正式途径就业时，父辈和子女职业匹配的密切程度更弱；而对于使用亲友途径就业的高校毕业生来说，其与父辈职业类型的相关系数比全体个案的相关系数更大，说明使用亲友途径就业时，父辈和子女职业匹配的密切程度更加强烈，即亲友途径的使用在一定程度上会更加促进父辈和子女的职业匹配。

（三）职业代际的流动性指数和继承性指数

为了研究不同求职途径对职业代际流动情况的作用，本部分将使用“代际流动性指数”和“代际继承性指数”考察使用亲友途径和正式途径就业的情况下，父辈与子女的职业代际匹配情况。

代际流动性指数和代际继承性指数反映的是子辈进入某一职业的可能性，测量指标为某一职业类别的个案在全部个案中所占比例的观察值与理论期望值之比。

其中，父辈职业与子辈职业一致的为代际继承性指数，职业组群的代际继承性指数越大，职业的继承在代际之间就越稳定，代际之间的流动性就越小，职业组群的代际效应就越明显；反之，父辈职业与子辈职业不一致的为代际流动性指数，流动性指数越大，职业组群的继承在代际之间就越不稳定，其代际之间的流动性越强，职业组群的代际效应就越不明显。

假设有 n 个职业组群类型，据此建立一个反映职业组群的代际流动性和继承性情况的矩阵：

$$A = (a_{ij})_{n\times n} \quad \cdots\cdots (6.1)$$

其中，a_{ij}代表父辈职业类型为 i，子女职业类型为 j 的频数。

某一职业类别的个案在全部个案中所占比例的观察值为 f，即矩阵 A 中第 i 行、第 j 列元素所代表的个案频率在全部个案中的比例：

$$f = \frac{a_{ij}}{\sum_{i=1}^{n}\sum_{j=1}^{n} a_{ij}} \quad \cdots\cdots (6.2)$$

某一职业类别的个案在全部个案中所占比例的理论期望值为 g，即理论上 a_{ij}所代表的个案频率在全部个案中的比例，具体算法为矩阵 A 中第 i 行所有元素在全部个案中的比例与第 j 列所有元素在全部个案中的比例的乘积：

$$g = \frac{\sum_{i=1}^{n} a_{ij}}{\sum_{i=1}^{n}\sum_{j=1}^{n} a_{ij}} \cdot \frac{\sum_{j=1}^{n} a_{ij}}{\sum_{i=1}^{n}\sum_{j=1}^{n} a_{ij}} \quad \cdots\cdots (6.3)$$

二者的比值为：

$$r_{ij} = f/g = \frac{\dfrac{a_{ij}}{\sum_{i=1}^{n}\sum_{j=1}^{n} a_{ij}}}{\dfrac{\sum_{i=1}^{n} a_{ij}}{\sum_{i=1}^{n}\sum_{j=1}^{n} a_{ij}} \cdot \dfrac{\sum_{j=1}^{n} a_{ij}}{\sum_{i=1}^{n}\sum_{j=1}^{n} a_{ij}}} = \frac{a_{ij} \cdot \sum_{i=1}^{n}\sum_{j=1}^{n} a_{ij}}{\sum_{i=1}^{n} a_{ij} \cdot \sum_{j=1}^{n} a_{ij}} \quad \cdots\cdots (6.4)$$

当 $i=j$ 时，r_{ij}代表的是子辈职业与父辈职业类别相同的可能性，即为“代际继承性指数”；当 $i\neq j$ 时，r_{ij}代表的是子辈职业与父辈职业类别不同的可能性，即为“代际流动性指数”。

当 $r_{ij}>1$ 时，说明父辈职业为 i 的子女进入职业 j 的可能性较大，且 r_{ij}越大可能性越大；反之，当 $r_{ij}<1$ 时，说明父辈职业为 i 的子女进入 j 职业的可能性较小，且 r_{ij}越小可能性越小。①

---

① 计算方法见 BLAU；P M，DUCAN O D. The American occupational structure [M]. New York：Free Press，1967. 本文公式转引自：郭丛斌. 教育与代际流动 [M]. 北京：北京大学出版社，2009：72－76。

根据上述公式，计算全部个案以及使用不同求职途径时的代际流动性指数和代际继承性指数，结果如表6－3所示。

表6－3 不同求职途径下的代际流动性指数和代际继承性指数

	父辈	子女	
		高收益劳动力市场	低收益劳动力市场
全部个案	高收益劳动力市场	1.071	0.755
	低收益劳动力市场	0.944	1.191
	父辈	子女	
		高收益劳动力市场	低收益劳动力市场
正式途径	高收益劳动力市场	1.057	0.805
	低收益劳动力市场	0.958	1.145
	父辈	子女	
		高收益劳动力市场	低收益劳动力市场
亲友途径	高收益劳动力市场	1.128	0.557
	低收益劳动力市场	0.877	1.425

表6－3中，对角线上表示的是父辈与子女在同一劳动力市场的情况，取值为代际继承性指数，非对角线上表示的是父辈与子女在不同劳动力市场的情况，取值为代际流动性指数。计算结果显示，无论对于高收益劳动力市场还是低收益劳动力市场的职业，代际继承性指数均大于1；其中，对于父辈与子女同在高收益劳动力市场的情况，使用正式途径就业时，代际继承性指数为1.057，低于全部个案的数值（1.071），而使用亲友途径就业的代际继承性指数最高，为1.128，说明使用亲友途径就业时，高收益劳动力市场的职业继承在代际之间最稳定，职业的代际效应最明显；对于父辈与子女同在低收益劳动力市场的情况，使用正式途径就业时的代际继承性指数为1.145，略低于全部个案的数值（1.191），而使用亲友途径就业的代际继承性指数最高，为1.425，说明使用亲友途径就业时，低收益劳动力市场的职业继承在代际之间最稳定，职业的代际效应最大。

总的来说，使用亲友途径就业的子女与其父辈在同一劳动力市场的代际继承性指数大于使用正式途径就业的代际继承性指数或全部个案的平均结果，说明无论对于高收益劳动力市场还是低收益劳动力市场，使用亲友途径就业时，代际之间的职业稳定性都最高，代际之间的流动性最小，职业的代际效应最明显。

但是父辈与子女同在低收益劳动力市场的代际继承性指数大于父子同在

高收益劳动力市场的继承性指数，增加的比例在全部个案、使用正式途径就业的个案和使用亲友途径就业的个案中分别为11.2%、8.3%和26.3%。可见，与其他个案相比，使用亲友途径就业时，父子两代固定在高收益劳动力市场的效应最大，两代均固定在低收益劳动力市场的效应也在全部个案中最大，且上述两个方向的固定作用之间的差距最大，这在一定程度上加大了社会阶层的两极化，加剧了社会不平等。同时，上一章的研究结果表明，使用亲友途径就业时，工作机会获得率更高，但起薪更低，也可能是因为使用亲友途径就业时，不仅加强了高收益劳动力市场中代际继承效应，也在更大程度上加强了低收益劳动力市场中的代际继承效应。

另外，使用正式途径就业的代际流动性指数最大，使用亲友途径就业的代际流动性指数最小，说明使用正式途径就业时，职业继承在代际之间更加不稳定，代际之间的流动性更强，职业的代际效应更不明显。

综上所述，亲友途径和正式途径的使用对父辈与子女职业的代际匹配具有不同的作用，使用亲友途径有助于职业类型在代际之间的继承效应，而使用正式途径会促进职业类型在代际之间的流动。

然而，求职途径的使用对于职业代际匹配的作用基于何种媒介作用机制，以及如何协助了父辈职业类型向子女职业类型的继承或流动，还需要进一步的中介效应和调节效应分析。

二、中介效应与调节效应辨析

本部分将介绍中介变量和调节变量的定义及中介效应和调节效应的作用机制，以及统计检验的具体方法。

（一）中介变量与中介效应

如果 X 通过影响变量 M 来影响 Y，假设此环节中只有 M 一个中介变量，如图6-1所示，c 是 X 对 Y 的总效应，a、b 是经过中介变量 M 的中介效应，c' 是不经过中介变量的直接效应，则几个系数之间的关系是：$c = c' + ab$。

其中，M 的中介效应的大小是：

$$c - c' = ab \quad \cdots\cdots (6.5)$$

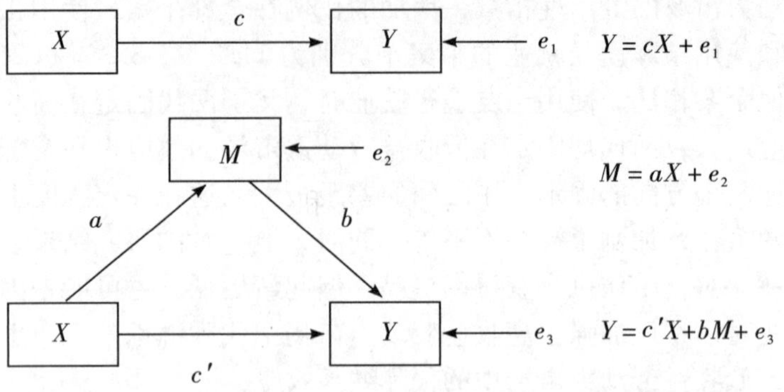

图 6-1　中介变量示意图

在本研究中，如果父辈的职业类型通过特定的求职途径传递给子女，使子女的职业受到父辈职业的影响，则求职途径为中介变量。

M 的存在通常是由理论逻辑或模型的推导而得出，在研究中还需要统计方法的验证。检验 $ab/(c'+ab)$ 或者 ab/c' 是否显著，若显著，则表示中介效应显著。当 $c'=0$ 时，为完全中介效应。

假设 Y 与 X 的相关关系显著，意味着回归系数 c 显著，在这个前提下考虑中介变量 M。温忠麟、张雷、侯杰泰等人（2004）总结了已有的各种检验方法，提出了一个中介效应检验程序，该程序的第一类和第二类错误率之和通常比单一检验方法小，既可以做部分中介检验，也可以做完全中介检验。检验程序见图 6-2。

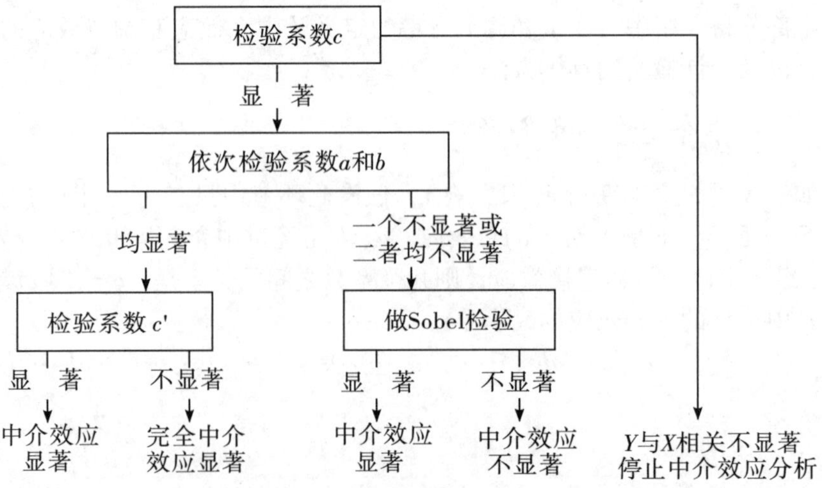

图 6-2　中介效应检验程序

图6-2中的检验程序包含了Sobel检验（Sobel，1982，1987），检验的统计量为：

$$Z = \frac{\hat{a}\hat{b}}{\sqrt{SE_a{}^2\hat{b}^2 + SE_b{}^2\hat{a}^2}} \quad \cdots\cdots (6.6)$$

式中 $\hat{a}$ 和 $\hat{b}$ 分别是 a 和 b 的估计，SE_a 和 SE_b 分别是 $\hat{a}$ 和 $\hat{b}$ 的标准误。

计算出 Z 值之后，对照MacKinnon非正态临界值表①，以确定 Z 值是否显著。若显著，则 M 中介效应显著，反之则不显著。

（二）调节变量与调节效应

如果变量 Y 与变量 X 的关系是变量 M 的函数，就称 M 为调节变量（James，1984）。就是说，Y 与 X 的关系受到第三个变量 M 的影响，这种有调节变量的模型一般可以用图6-3示意。调节变量可以是定性的（如性别、种族、学校类型等），也可以是定量的（如年龄、受教育年限、刺激次数等），它影响因变量和自变量之间关系的方向（正或负）和强弱(Baron，1986)。

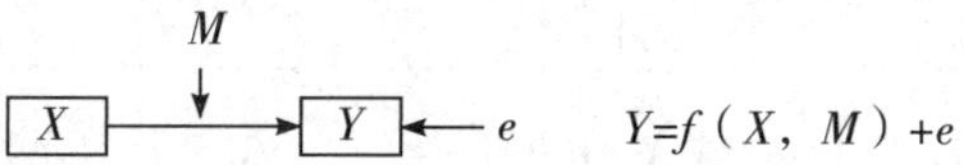

图6-3 调节变量示意图

在本研究中，如果父辈的职业情况并不是通过求职途径传递给子女，使子女的职业受到父辈职业的影响，但求职途径的使用如果会改变二者关系的强弱，则求职途径在此产生的就是调节效应。

假设 Y 与 X 有线性关系：

$$Y = f(X) + e \quad \cdots\cdots (6.7)$$

当存在调节变量 M 时，X 与 Y 的关系受到 M 的影响，可表示为：

$$f = a + cM \quad \cdots\cdots (6.8)$$

因此得到调节效应模型：

$$Y = (a + cM)X + bM + e \quad \cdots\cdots (6.9)$$

在计量回归过程中，则有回归方程：

$$Y = aX + bM + cXM + e \quad \cdots\cdots (6.10)$$

其中，回归系数 c 便衡量了调节效应的大小，如果 c 显著，说明 M 的调节效应显著。

可以发现，上述回归方程也可表示交互效应（Interaction Effect），在交

---

① 目前存在直接计算 Z 值并检验显著性的计算工具，参见：http://www.danielsoper.com/statcalc3/calc.aspx?id=31。

互效应分析中，两个解释变量的地位可以是对等的，但是在调节效应分析中，解释变量与调节变量各自的地位和意义并不对等。尽管如此，从统计分析的角度上讲，调节效应与交互效应的计量检验并无方法上的差别。

检验方法：根据前人研究，对于无法观测的潜变量进行调节效应分析时，需要使用结构方程模型（侯杰泰等，2004）；对于可观测的显变量来说，可以对调节回归模型 $Y = aX + bM + cXM + e$ 中乘积项 XM 的偏回归系数 c 进行显著性检验，如果显著，则认为在解释变量和被解释变量之间，因素 M 的调节效应显著（Cohen & Cohen，1975）。

需要说明的是，为了清晰地介绍检验方法和变量意义，上述检验过程中的回归模型均采用一般线性回归的模型形式；而本研究中的主要解释变量为高校毕业生职业类型，部分检验步骤的被解释变量为求职途径，为二分变量。当被解释变量为“亲友途径”虚拟变量时，相应的回归模型均为 Logistic 回归模型。回归方程的形式为：

$$\text{Logistic}(P) = \text{Ln}\left(\frac{P}{1-P}\right) = \beta_0 + \sum \beta_j X_j + \varepsilon \quad \cdots\cdots\cdots\cdots\cdots (6.11)$$

其中，β_j 是相应解释变量 X_j 的回归系数，β_0 为截距项系数，ε 为随机扰动项。

三、求职途径对职业代际传递的中介效应检验

按照前文的分析，如果求职途径在职业代际传递过程中发挥的作用类似于“桥梁”的作用，即父辈的职业类型决定了子女使用的求职途径，而父辈在职业上的信息、资源和影响力接着通过求职途径传递给子女，并因此影响了子女的职业情况，则求职途径在此过程中发挥的媒介作用即为“中介效应”。

为探讨求职途径对职业代际传递的媒介作用机制，本部分将使用中介效应的检验方法，验证求职途径是否为具有显著中介效应的中介变量。

第一步：检验回归方程 $Y = cX + e_1$ 中的系数 c

如本章前一部分所述，父辈职业与高校毕业生本人职业在 0.01 水平下显著相关，将子女职业类型作为被解释变量、父辈职业类型作为解释变量，与其他控制变量一同进行 Logistic 回归，得到 $Y = cX + e_1$ 中的系数 c，如表 6－4 所示，表中仅展示回归结果显著的变量。

在控制其他变量的情况下，父辈职业在高收益劳动力市场有助于子女进入高收益劳动力市场，父辈在高收益劳动力市场的回归系数为 0.601，在

0.01 的水平下显著。接下来进行中介效应检验的第二步。

表 6-4　中介效应检验第一步：子女职业对父辈职业的回归分析

解释变量	系　数	标准误
父辈在高收益劳动力市场	0.601 ***	0.112
高收入家庭	-0.094	0.142
低收入家庭	0.307 ***	0.121
家庭社会联系较广泛	0.121	0.157
家庭社会联系较少	0.077	0.114
硕　士	0.859 ***	0.179
专　科	-1.161 ***	0.163
985 和 211 重点院校	-0.250 **	0.126
高职高专院校	0.531 ***	0.181
民办院校与独立学院	-0.503 **	0.200
学习成绩前 25%	0.266 **	0.111
学习成绩后 25%	-0.426 *	0.228
获外语类证书	0.023	0.123
男性	0.445 ***	0.103
城镇生源	-0.007	0.136
截距项	0.803 ***	0.212
样本量	2 534	
拟合优度	0.108	
模型卡方值	186.080	
显著性概率	0.000	

注：1. 被解释变量为“子女在高收益劳动力市场”；2. *，**，***分别代表显著性水平为 0.1、0.05 和 0.01。

第二步：检验回归方程 $M = aX + e_2$ 中的系数 a

将亲友途径作为被解释变量，父辈职业变量与其他控制变量作为解释变量，进行 Logistic 回归，得到 $M = aX + e_2$ 中的系数 a，如表 6-5 所示。

回归结果显示，在控制其他变量的情况下，“父辈在高收益劳动力市场”对于高校毕业生求职途径的回归系数 a 不显著。

表 6－5　中介效应检验第二步：亲友途径对父辈职业的回归分析

解释变量	系　数	标准误
父辈在高收益劳动力市场	0.129	0.114
高收入家庭	－0.085	0.147
低收入家庭	－0.243 *	0.132
家庭社会联系较广泛	0.369***	0.140
家庭社会联系较少	－0.617 ***	0.129
硕　士	－0.530 ***	0.184
专　科	0.429**	0.177
985 和 211 重点院校	－0.149	0.136
高职高专院校	0.453**	0.189
民办院校与独立学院	0.234	0.205
学习成绩前 25%	0.011	0.113
学习成绩后 25%	－0.358	0.309
获外语类证书	－0.186	0.126
男　性	－0.104	0.108
城镇生源	0.194	0.161
截距项	－1.404***	0.228
样本量	2 694	
拟合优度	0.105	
模型卡方值	178.380	
显著性概率	0.000	

注：1. 被解释变量为“亲友途径”；2. ＊，＊＊，＊＊＊分别代表显著性水平为 0.1、0.05 和 0.01。

第三步：检验回归方程 $Y=c'X+bM+e_3$ 中的系数 b

将高校毕业生本人职业在高收益劳动力市场作为被解释变量，亲友途径和父辈职业在高收益劳动力市场作为解释变量，进行 Logistic 回归，得到 $Y=c'X+bM+e_3$ 中的系数 b，如表 6－6 所示。

回归结果显示，加入了亲友途径之后，“父辈在高收益劳动力市场”的回归系数为 0.600，在 0.01 的水平下显著；而在控制其他变量的情况下，亲友途径对高校毕业生本人职业的回归系数 b 不显著。

表 6-6 中介效应检验第三步：高校毕业生本人职业对父辈职业及亲友途径的回归分析

解释变量	系 数	标准误
亲友途径	0.218	0.133
父辈在高收益劳动力市场	0.600***	0.112
高收入家庭	-0.091	0.142
低收入家庭	0.377***	0.121
家庭社会联系较广泛	0.101	0.157
家庭社会联系较少	0.092	0.114
硕 士	0.868***	0.179
专 科	-1.180***	0.164
985 和 211 重点院校	-0.246*	0.126
高职高专院校	0.517***	0.181
民办院校与独立学院	-0.515**	0.201
学习成绩前 25%	0.267**	0.111
学习成绩后 25%	-0.416*	0.228
获外语类证书	0.027	0.123
男 性	0.447***	0.103
城镇生源	-0.011	0.136
截距项	0.762***	0.213
样本量	2 534	
拟合优度	0.109	
模型卡方值	188.811	
显著性概率	0.000	

注：1. 被解释变量为“本人在高收益劳动力市场”；2. *，**，***分别代表显著性水平为 0.1、0.05 和 0.01。

第四步：Sobel 检验

经过以上三步的分析，得到数据如下：$a=0.129$，$b=0.218$，$SE_a=0.114$，$SE_b=0.133$。

根据公式 6.6 计算得到 Sobel 检验指标 Z 值为 0.931，单尾检验 P 值为 0.176，双尾检验的 P 值为 0.352，均不显著，说明亲友途径在职业代际传递过程中的中介效应不显著，即父辈职业类型并不决定高校毕业生使用亲友途径就业并进而通过亲友途径这一桥梁将信息、资源和影响力传递给子女的职业类型。

四、求职途径对职业代际传递的调节效应检验

经过以上分析发现，在职业代际传递过程中，亲友途径的使用并不产生显著的中介效应，本部分将检验亲友途径是否具有调节效应。

按照前文的分析，如果求职途径在职业代际传递过程中具有调节效应，则说明求职途径并不直接参与职业代际传递过程，而是类似于催化剂一样影响父辈职业对子女职业的作用程度。

本部分将使用调节效应的检验方法，验证求职途径是否为具有显著的调节效应的调节变量。

第一步：高校毕业生本人职业对父辈职业及亲友途径的回归分析

将高校毕业生本人职业在高收益劳动力市场作为被解释变量，父辈职业在高收益劳动力市场和亲友途径为解释变量，未加入亲友途径和父辈职业的交互项进行回归时，回归结果如表 6－6 所示，回归方程的拟合优度为 0.109，本部分不再进行结果展示。

第二步：父辈职业与亲友途径的交互项的偏回归系数检验

将高校毕业生本人职业在高收益劳动力市场作为被解释变量，对父辈职业与亲友途径的交互项、父辈职业、亲友途径和其他控制变量做回归，回归方程为 $Y = aX + bM + cXM + e$。

如表 6－7 所示，回归方程的拟合优度为 0.112，与表 6－6 展示的未加入交互项的回归方程相比有所升高；父辈职业在高收益劳动力市场与亲友途径的交互项的偏回归系数 c 为 0.632，在 0.05 水平下显著，说明在职业的代际传递过程中，求职途径的使用起到了调节效应。

表 6－7　调节效应检验第二步：高校毕业生在高收益劳动力市场的影响因素分析

解释变量	系　数	标准误	Exp（B）
父辈在高收益劳动力市场 × 亲友途径	0.632 **	0.281	1.882
亲友途径	－0.013	0.166	0.987
父辈在高收益劳动力市场	0.491 ***	0.121	1.633
高收入家庭	－0.094	0.143	0.910
低收入家庭	－0.377 ***	0.121	1.457
家庭社会联系较广泛	0.075	0.158	1.078

续上表

解释变量	系　数	标准误	Exp（B）
家庭社会联系较少	0.083	0.114	1.086
硕　士	0.891***	0.179	2.437
专　科	-1.161***	0.164	0.313
985 和 211 重点院校	-0.247*	0.127	0.781
高职高专院校	0.521***	0.182	1.684
民办院校与独立学院	-0.501**	0.201	0.606
学习成绩前 25%	0.270**	0.111	1.310
学习成绩后 25%	-0.419*	0.228	0.658
获外语类证书	0.017	0.123	1.017
男　性	0.438***	0.103	1.550
城镇生源	-0.008	0.136	0.992
常量	0.810***	0.215	2.249
样本量	2 534		
拟合优度	0.112		
模型卡方值	194.068		
显著性概率	0.000		

注：*，**，***分别代表显著性水平为 0.1、0.05 和 0.01。

高校毕业生职业类型 Y 与父辈职业类型 X 的关系为：

$$\text{Logistic}(Y) = f(X) + e \quad \cdots\cdots (6.12)$$

当存在调节变量求职途径 M 时，X 与 Y 的关系受到 M 的影响：

$$f = a + cM \quad \cdots\cdots (6.13)$$

其中，回归系数 c 为 0.632，在 0.05 水平下显著，优势比值为 1.882，说明使用亲友途径就业与使用正式途径就业相比，父辈职业类型对子女职业类型的影响作用“加强”了 88.2%。

调节效应检验的回归模型为：

$$\text{Logistic}(P) = \text{Ln}\left(\frac{P}{1-P}\right) = \beta_0 + \beta_1 X_1 + \beta_2 X_2 + \beta_3 X_1 X_2 + \sum \beta_j X_j + \varepsilon \quad \cdots\cdots (6.14)$$

其中，X_1 为“亲友途径”虚拟变量，如果高校毕业生使用亲友途径就业，$X_1 = 1$，否则为 0，变量回归系数为 β_1；X_2 表示“父辈在高收益劳动力市场”的虚拟变量，父辈职业在高收益劳动力市场时，$X_2 = 1$，否则为 0，

变量回归系数为 β_2；β_3 为亲友途径和父辈职业类型交互项的回归系数。

X_j 为除家庭背景和学历层次之外的其他变量，β_j 为相应回归系数，β_0 为截距项系数，ε 为随机扰动项。

根据上述回归模型和各项变量的代表意义，高校毕业生职业在高收益劳动力市场的机会比率的对数 E [Logistic (P)] 如下：

父辈在低收益劳动力市场且使用正式途径就业的高校毕业生：$\beta_0 + \sum \beta_j X_j$

父辈在低收益劳动力市场且使用亲友途径就业的高校毕业生：$\beta_0 + \beta_1 + \sum \beta_j X_j$

父辈在高收益劳动力市场且使用正式途径就业的高校毕业生：$\beta_0 + \beta_2 + \sum \beta_j X_j$

父辈在高收益劳动力市场且使用亲友途径就业的高校毕业生：$\beta_0 + \beta_1 + \beta_2 + \beta_3 + \sum \beta_j X_j$

因此，如果父辈在低收益劳动力市场工作，使用亲友途径就业的高校毕业生比同等条件使用正式途径就业的高校毕业生进入高收益劳动力市场的机会比率对数高 β_1；如果父辈在高收益劳动力市场工作，使用亲友途径就业的高校毕业生比同等条件使用正式途径就业的高校毕业生进入高收益劳动力市场的机会比率对数高 $\beta_1 + \beta_3$；在同样使用亲友途径就业的情况下，与父辈在低收益劳动力市场的高校毕业生相比，父辈在高收益劳动力市场的高校毕业生进入高收益劳动力市场的机会比率对数比前者提高 $\beta_2 + \beta_3$。

从回归结果中可以发现，亲友途径的系数 β_1 的回归结果并不显著，说明当父辈在低收益劳动力市场时，高校毕业生使用亲友途径就业，并不对其职业类型产生显著的影响；只有当父辈职业在高收益劳动力市场时，高校毕业生同时使用亲友途径就业才能发挥作用，此时高校毕业生进入高收益劳动力市场的机会比率对数显著提高，为 $\beta_2 + \beta_3 = 1.123$，$e^{1.123} = 3.074 \approx 3$，即在其他条件相同的情况下，使用亲友途径就业时，父辈在高收益劳动力市场的高校毕业生进入高收益劳动力市场的加权机会是父辈在低收益劳动力市场的高校毕业生的 3 倍。可以注意到，在不考虑求职途径时，父辈职业类型的回归系数为 0.491，在 0.01 水平下显著，优势比值为 1.633，即父辈职业在高收益劳动力市场的高校毕业生进入高收益劳动力市场的加权机会是父辈在低收益劳动力市场的高校毕业生的 1.633 倍；亲友途径起到了有效的调节作用，将上述影响关系进行了“催化”加强，使职业代际传递的作用进行强化，数值变成了 3，即几乎翻了一番，可见，与使用正式途径相比，使用亲友途径能够帮助子女更强烈和顺利地继承父辈职业的资源和影响，这一继承效果几乎是前者的两倍。

五、本章小结

经过上述分析，亲友途径在职业代际传递过程中发挥调节效应而非中介效应，说明在父辈职业的信息、资源和影响力向子女进行传递的过程中，亲友途径的作用像是催化剂一样，使职业的代际传递关系更加密切，也使职业代际传递的作用得以强化。与使用正式途径就业相比，使用亲友途径就业能够帮助子女更强烈和顺利地继承父辈职业的资源和影响，这一继承效果几乎是前者的两倍。检验步骤汇总于表6－8和表6－9。

上一章的结论可以发现，使用亲友途径就业时，尽管高校毕业生可能会面临起薪更低的局面，但是能够提高求职过程中的工作机会获得率，降低找不到工作的担忧和风险；本章的研究结论发现，通过亲友途径的使用，父辈能够强烈地将高收益职业类型的优势传承给子女，巩固某种职业类型中已经拥有的信息、资源和影响，阻碍了职业的代际流动。

表6－8　求职途径中介效应的依次检验

步　骤	方　法	备　注
第一步	被解释变量：子女在高收益劳动力市场 主要解释变量：父辈在高收益劳动力市场 回归系数：$c = 0.601$，($p = 0.000$)	解释变量中无求职途径变量
第二步	被解释变量：亲友途径 主要解释变量：父辈在高收益劳动力市场 回归系数：$a = 0.129$，($p > 0.1$) 标准误：$SE_a = 0.114$	
第三步	被解释变量：子女在高收益劳动力市场 主要解释变量：亲友途径 回归系数：$b = 0.218$，($p > 0.1$) 标准误：$SE_b = 0.133$	解释变量中包括父辈在高收益劳动力市场
第四步	Sobel 检验指标 Z 值：0.931 单尾检验 P 值：0.176 双尾检验 P 值：0.352	

表6-9　求职途径调节效应的依次检验

步　骤	方　法	备　注
第一步	被解释变量：子女在高收益劳动力市场 主要解释变量：亲友途径、父辈在高收益劳动力市场 回归方程的拟合优度：0.109	解释变量中不包括亲友途径与父辈职业的交互项
第二步	被解释变量：子女在高收益劳动力市场 主要解释变量：亲友途径与父辈职业的交互项 回归系数：0.632（$p < 0.5$） 回归方程的拟合优度：0.112	

第七章 结论与政策建议

经济学的微观基础是在一系列假设的前提下，人们应该怎样去追求利益的最大化，经济学家们在“低度社会化”的思路下认为，个人拥有自己的偏好，在理性思维的激励下，通过价格信号的指导在预算约束的条件下做出行为和选择，实现效益最大化。在这种思路下，个人的社会关系和社会身份被严重忽略。而制度学派所关心的是在一个制度环境下，人们会有何行为，它关心的是特定的制度环境对不同的人或组织的影响，这种“过度社会化”思路下的制度理论认为人们并没有独立的主观能动性，只是按照自己所扮演的社会角色进行行为决策。在这种思路下，对个人行为的研究只需要知道其所扮演的社会角色就可以预期他的行为。然而从网络学派的视角出发，认为个人之所以会发出某种行为，其根本原因在于其所处的独特的社会关系网络以及在网络中的位置。

本研究的探索路径即是借由实证研究与以上理论逻辑进行对话，以求职途径为求职行为的核心现实体现，研究求职途径在高校毕业生求职过程中的运行模式和最终对求职结果的影响。本研究预设高校毕业生作为在校学生，其主要的社会关系是以家庭为依托的亲友关系。社会网络理论认为，网络关系的强弱和广泛程度会影响人们的行为。一方面，网络的位置和结构的差异会导致不同的内化过程，进而促使人们在不同的情况下产生不同的行为；另一方面，社会网络也会影响个人对信息的掌握情况，狭窄的网络关系会限制信息的交流和补充，丰富的网络关系则有利于信息的交换和更新。因此，尽管可以假设个人会做出理性决策，但是网络关系带来的信息却决定了个人的思考和权衡，进而影响了其决定和行动，最终影响其生活状态和结果。

本研究首先从求职途径选择的角度入手，分析高校毕业生人力资本和家庭背景情况对求职途径选择的影响；然后考察求职途径对求职结果的作用，包括工作机会获得率、起薪和单位性质，分别代表高校毕业生在劳动力市场中的被接纳程度、初始经济待遇，以及工作稳定性、社会地位等非经济待遇；进而将求职结果延伸至高校毕业生求职的职业获得，从职业代际传递的视角，分析父辈职业资源向子辈传递的具体机制及亲友途径在这其中发挥的作用，得到以下的主要结论。

一、主要结论

1. 人力资本低、家庭背景好的高校毕业生，更倾向于使用亲友途径就业

表 7-1 高校毕业生特征对亲友途径的影响方向

特 征	亲友途径
人力资本	-
家庭背景	+

本研究发现，人力资本和家庭背景会在不同程度上影响高校毕业生是否通过亲友途径就业：人力资本越低的高校毕业生越倾向于使用亲友途径就业，家庭背景情况越好的高校毕业生越有可能通过亲友途径就业。

人力资本越高的高校毕业生越可能使用正式途径就业，因为他们能够依靠自己的人力资本优势而获得理想的求职结果，没有额外动机使用正式途径之外的亲友途径；而人力资本较低的高校毕业生需要使用额外的努力和投入，使用亲友途径的协助，以弥补人力资本上的不足。

家庭背景情况更好的高校毕业生更加倾向于使用亲友途径就业，说明这些高校毕业生在求职过程中对社会关系更加依赖，背后潜在的行为动机是为了提高在劳动力市场中的待遇。

这样的作用对于不同学历层次和不同家庭背景的高校毕业生并不相同：对家庭背景综合水平较高的高校毕业生来说，学历的提高并不能改变其对亲友途径的选择，家庭背景的优越情况并不会促使硕士毕业生使用亲友途径就业，仅对本科和专科毕业生有影响，且对专科毕业生的影响更大。

2. 越依赖亲友途径求职，越容易找到工作；使用亲友途径就业的高校毕业生比使用正式途径就业的高校毕业生起薪更低，但是更可能进入体制内单位就业

增强亲友途径的使用会显著提高高校毕业生工作机会获得率，帮助高校毕业生找到工作；然而真正依靠亲友途径找到工作时，亲友途径对起薪的影响却显著为负。可见，虽然动用亲友途径确实会帮助高校毕业生更容易找到工作，但是与其他条件相同的高校毕业生相比，使用亲友途径就业的高校毕业生起薪更低。

高校毕业生无论回到生源地还是在外地，使用亲友途径就业的高校毕业生都比使用正式途径就业的高校毕业生更可能进入体制内单位就业。说明高

校毕业生在起薪带来的直接经济收益之外，使用亲友途径就业时可能更加注重体制内单位工作的稳定性。

3. 亲友途径在职业代际传递过程中发挥强化的调节效应

亲友途径在职业代际传递过程中的调节效应显著，中介效应不显著，说明在父辈职业的信息、资源和影响力向子女进行传递的过程中，亲友途径的使用加强了代际传递的程度，使职业的代际传递关系更加密切，也使职业代际传递的作用得以强化。与使用正式途径就业相比，使用亲友途径就业能够帮助子女更强烈和顺利地继承父辈职业的资源和影响，这一继承效果几乎是前者的两倍。通过亲友途径，父辈能够强烈地将家庭职业类型的优势传承给子女，巩固某种职业类型中已经拥有的信息、资源和影响，阻碍了职业的代际流动。如表7－2所示。

表7－2　亲友途径对求职结果的影响方向汇总

求职方式	工作机会获得率	起　薪	在体制内就业	职业代际继承
亲友途径	+	−	+	+

二、政策启示

由于社会资源的稀缺性及其特殊的配置方式，家庭出身和学校质量等因素的差异会造成高校毕业生所能动用的社会资源的不同。如果这种差异长期处于非均衡的状态，则有可能减缓就业环节的市场化进程，加剧用人机制上的不平等现象，妨碍社会公平与和谐。因此，结合本研究的结论，提出以下政策建议。

第一，提高正式求职途径的有效性，减少信息不匹配情况和摩擦性失业情况的发生。本研究发现，使用正式途径就业时，雇佣双方的信息匹配和双向选择过程效率较低，而使用亲友途径就业的高校毕业生工作机会获得率却更高，这一定程度上说明了现今市场上正式求职途径虽然多样而丰富，但其对于信息传导的有效性仍有待提高。劳动力市场信息的不对称和不完全，增加了雇佣双方的搜寻成本，延长了工作搜寻的时间，并增加了摩擦性失业发生的概率，降低市场效率。政府已经大力加强高校毕业生的服务工作，在此基础上，应建立健全能够及时提供丰富而有效的市场信息的求职网络和人才洽谈平台，为高校毕业生提供各类就业咨询，并对高校毕业生进行针对性的就业指导和培训，同时为雇佣双方提供便捷交换信息的场所和机制，减少摩擦性失业和结构性失业的发生。

第二，强化大学生职业技能的培养，提高专业课程比例。本研究发现，使用亲友途径就业能够强化父辈与子女的职业代际传递，与使用正式途径就业的高校毕业生相比，使用亲友途径就业的高校毕业生继承父辈职业类型的可能性是前者的两倍。长此以往，高收益职业资源将在优势家族内部强化传承，而弱势家族就只能禁锢于低收益的职业类型中，固化和拉大了社会差距。因此，从高校毕业生就业能力的角度来看，高校应该合理地制订课程培养计划，协调基础理论课程与专业课程的比例，提高后者的比例，加强大学生的职业技能培养，使更多的职业技能的学习来源于学校教育，而不是家庭继承，以促进社会资源的合理流动。

第三，为在校大学生提供更多的实习实践机会。本研究发现，专科毕业生求职时对亲友途径的依赖较弱，而确定单位的专科毕业生中，使用亲友途径与使用正式途径就业的高校毕业生起薪没有显著差异。这说明在不同学历的劳动力市场中，专科毕业生面临的信息不对称情况较弱，与其他学历毕业生相比，专科学生在校期间有更多的机会参加实习，能将自己的真实劳动生产率展示给雇主，因此在求职阶段，对亲友途径的依赖更小。同时，求职途径也不会显著地影响其起薪，雇主会根据毕业生的真实劳动生产率支付起薪。因此，对于其他学历的高校毕业生，政府和学校也应该积极组织校企合作，大力支持和鼓励学生在校期间参加社会实践。一方面增强学生对社会的了解和认识，提高学生的社会能力和专业素质；另一方面，也将雇佣双方信息匹配的过程一部分转移到在校期间，而不是仅仅在求职环节中的短时间内完成匹配，给不良社会风气以可乘之机。

第四，进一步加强高校毕业生劳动力市场的规范性。本研究发现，利用亲友途径就业的情况更多地出现在高校毕业生的家乡以及市场化程度较低的部门，比如基层市县的体制内单位，侧面说明这类单位似乎运作“关系”的空间更大，市场的规范性更低。因此，为了加快现代化社会体系的建设进程，政府应加大监督监管力度，为高校毕业生提供更加和谐规范的劳动力市场，为有能力的大学生提供发挥才智的良好环境，避免人力资本水平高而家庭背景弱势的高校毕业生在求职过程中受到违规招聘的阻碍。

三、研究创新与贡献

1. 学术贡献：对求职途径和结果的分类和度量具有总结性和创新性，为该领域的进一步研究提供借鉴

本研究采用全国范围的调查数据，从高校毕业生对求职途径的选择开始，以工作机会获得率为代理变量，刻画高校毕业生在求职环节中受到劳动

力市场的接纳程度和受欢迎程度；同时以起薪为变量，讨论高校毕业生成功求职后的初始经济待遇。在起薪研究的基础上，本研究使用单位性质作为工作稳定性和保障性的代理变量，研究亲友途径对高校毕业生进入体制内单位就业的影响，在起薪之外给予求职行为一个合理的动机解释；除了起薪和单位性质之外，职业类型也是反映未来收益的重要因素，本研究从职业代际传递的角度，将传统代际传递研究过程分解展开，分析求职途径在其中发挥的作用。

对于求职途径的考察，本研究使用了过程变量和结果变量两组变量，过程变量即“亲友途径使用强度”，描述在整个求职过程中，高校毕业生对亲友途径的依赖性，对应的求职结果变量为工作机会获得率，描述求职过程中高校毕业生受到劳动力市场的接纳程度；求职途径的结果变量为“亲友途径”和“正式途径”，对应的是最终确定的这份工作，而求职结果的变量也是这份工作对应的起薪、单位性质和职业类型。

因此，本研究对求职途径和求职结果的分类和度量全面细致，具有一定的创新性，为今后对求职环节问题的研究提供一定的方法借鉴。

2. 理论创新：突破传统的工作搜寻理论模型，建立同时间段多途径进行工作找寻的理论分析框架

在传统的工作搜寻理论中，核心逻辑是搜寻工作时边际成本与边际收益的权衡，以时间为主要参数建立模型，进行成本收益分析。但是高校毕业生的行为逻辑和决策判断并不是在时间维度上进行比较和判定，而是在同一时间段中，比较各项工作机会的成本和收益，而成本的重要部分并不是拒绝另一份工作的机会成本，而是在搜寻时的金钱和时间投入，这其中也包括使用某种求职途径带来的成本。

本研究在工作搜寻理论基础上，对包括求职途径在内的高校毕业生求职行为和求职结果进行分析，对高校毕业生的工作搜寻行为在传统工作搜寻理论的框架下进行了补充和丰富。

3. 现实意义：帮助形成对我国高层次人才求职环境和就业生态的更深入的认知

现有的相关研究大多侧重个人特征对求职结果的影响，对求职过程中的中间环节关注不够，更少有对求职途径的系统考察和细致的实证分析。本研究打开了求职过程的暗箱，以求职途径为着力点，分析高校毕业生求职行为选择的策略，及其对求职结果的作用，发现“求职途径”这一微观环节对求职结果的重要影响。

四、研究不足与展望

1．亲友关系的信息作用和影响力作用

本研究的一个重要前提假设认为亲友的帮助既包括信息的提供与补充，也包括影响力的协助。本研究所基于的问卷设计没有将这两种作用分离开来，在未来的研究设计中应再深入探讨，将亲友关系的信息和影响力进行区分，考察亲友途径对高校毕业生的求职更多的是起到信息作用还是影响力的帮助，以及对于不同类型的高校毕业生是否发挥不同的作用，以进一步探讨在我国的劳动力市场中，人情“关系”作用的变化情况。

2．求职阶段的划分

本研究未对求职过程进行分期研究，而将工作找寻视为一个静态均衡的行为。但是在现实情境下，对于一个特定的求职者而言，个人在开始求职初期和临近毕业之时，具有不同的心态，会采取不同的行动模式。本研究虽然将求职过程与最终确定工作的状态分开考察，但对求职过程中的不同阶段并未详细分化，因此，后续的研究应该对求职阶段进行更细化的分析，研究不同特征的高校毕业生在不同的求职阶段所采取的路径。

3．求职途径作用的长期规律

经济环境变化复杂，劳动力市场也受到外部市场环境变化的影响，本研究呈现的结果只是一个阶段性的情况，在未来的研究中应在对高校毕业生规律性求职行为的分析中加入对外部经济情况的考虑，以寻找稳定的长期客观规律。

4．正式途径和学校就业指导中心途径对起薪回报率的展望

在本研究的开篇中，对 2005 年到 2013 年高校毕业生求职途径的使用情况进行了介绍，发现近年来使用亲友途径就业的高校毕业生比例有上升的趋势，而使用正式途径就业的高校毕业生比例下降，尤其是学校和院系就业指导中心，高校毕业生使用比例的下降幅度较大，也由此引发了本研究问题的提出。

本研究的定量研究发现了求职途径对高校毕业生求职结果的影响，那么近年来这种影响是否也发生了变化？为考察这一问题，本研究使用前章节中关于求职途径对高校毕业生影响的分析方法，计算 2007 年、2009 年和 2011 年的求职途径回报率，并与 2013 年的数据进行对照，形成如图 7－1 所示的求职途径影响起薪回报率的时间趋势图。

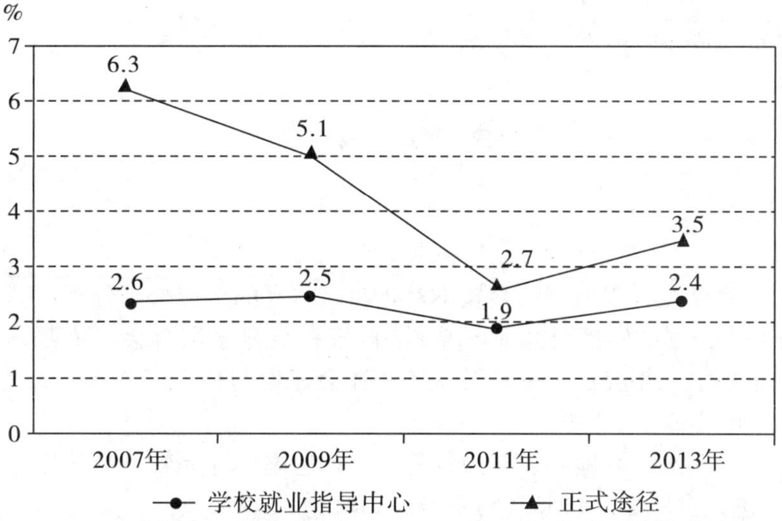

图 7－1　学校就业指导中心和正式途径影响高校毕业生起薪回报率的时间趋势

将 2007 年至 2013 年正式途径和学校就业指导中心途径影响高校毕业生起薪进行回归分析，在控制其他变量和求职途径的选择性偏差的情况下，发现正式途径对高校毕业生起薪的回报率从 2007 年的 6.3% 下降到 2009 年的 5.1%，该数值在 2011 年为 2.7%，在 2013 年回升至 3.5%。对于高校毕业生而言，学校就业指导中心应该对高校毕业生的就业发挥重要的促进作用。但将 2007 年到 2013 年的途径回报率进行对比可以发现，它的贡献率较低，仅在 2.4% 到 2.6% 之间，但仍可以观察到从 2007 年到 2011 年的下降情况，而到 2013 年回升至 2.4%。

总的来说，近年来高校毕业生使用正式途径进行求职时，对起薪的回报率呈现下降的趋势，但从 2011 年到 2013 年，正式途径和学校就业指导中心的作用均有回升态势。

人们坚持不懈地追求公平，高等教育也承担着促进社会公平的历史责任。正式途径，尤其是学校就业指导中心途径，对高校毕业生起薪回报率的降低是令人不安的，也违背了高等教育提高劳动生产率从而提高个人收益和促进社会经济发展的目标。但是这一贡献率在 2011 年到 2013 年有回升态势，也让我们看到了政府和高校做出努力的良好成果，而这一回升态势是否能得到保持，是值得关心的研究视角，因此对高校毕业生求职途径的分析，在未来仍值得继续跟踪和深入。

参考文献

[1] 边燕杰，程诚. 社会资本对于收入水平的作用机制分析：基于全国八城市调查数据的实证研究 [C] //陕西省社会科学联合会. 陕西省社会学会（2010）学术年会："关一天经济区社会建设与社会工作"论坛论文集，2010：174－183.

[2] 边燕杰，李路路，李煜，等. 结构壁垒、体制转型与地位资源含量 [J]. 中国社会科学，2006（5）：100－109.

[3] 边燕杰，张文宏，程诚. 求职过程的社会网络模型：检验关系效应假设 [J]. 社会，2012（3）：24－37.

[4] 边燕杰，张文宏. 经济体制、社会网络与职业流动 [J]. 中国社会科学，2001（2）：77－89.

[5] 布尔迪厄. 文化资本与社会炼金术：布尔迪厄访谈录 [M]. 包亚明，译. 上海：上海人民出版社，1997.

[6] 陈海平. 人力资本、社会资本与高校毕业生就业：对高校毕业生就业影响因素的研究 [J]. 青年研究，2005（11）：8－15.

[7] 丁小浩. 社会关系对高校毕业生就业的影响 [N]. 中国教育报，2004－09－24（3）.

[8] 桂勇，顾东辉，朱国宏. 社会关系网络对搜寻工作的影响：以上海市下岗职工为例的实证研究 [J]. 世界经济文汇，2002（3）：45－51.

[9] 郭丛斌. 教育与代际流动的关系研究：中国劳动力市场分割的视角 [D]. 北京：北京大学，2006.

[10] 侯杰泰，温忠麟，成子娟. 结构方程模型及其应用 [M]. 北京：教育科学出版社，2004.

[11] 胡平，傅芸芸，丁伟忠. 西部地区城镇失业者求职途径的比较 [J]. 系统管理学报，2007（4）：382－389.

[12] 康小明. 社会资本对高等教育毕业生职业发展成就的影响与作用：基于北京大学经济管理类毕业生的实证研究 [J]. 清华大学教育研究，2006（6）：49－57.

[13] 赖德胜. 劳动力市场分割与大学毕业生失业 [J]. 北京师范大学

学报（人文社会科学版），2001（4）：69－76.

［14］李锋亮．求职渠道对高校毕业生工作找寻的影响［C］//北京大学教育学院．2004 年中国教育经济学学术年会论文：北京大学论文集，2004.

［15］李晓波．浅析当代大学生就业难问题［J］．商业经济，2004（8）：96－97.

［16］李智文，张乐，刘建蒙，等．倾向评分配比在流行病学设计中的应用［J］．中华流行病学杂志．2009，30（5）：514－517.

［17］林南．社会资本：关于社会结构与行动的理论［M］．张磊，译．上海：上海人民出版社，2005.

［18］陆德梅．职业流动的途径及其相关因素：对上海市劳动力市场的实证研究［J］．社会，2005（3）：101－115.

［19］马莉萍，丁小浩．高校毕业生在工作找寻中对人力资本与社会关系作用感知的研究［C］//中国教育学会教育经济学分会．2009 年中国教育经济学学术年会论文集，2009.

［20］孟大虎，曾凤婵，杨娟．人力资本、社会资本与大学毕业生求职渠道的选择［J］．中南财经政法大学学报，2011（6）：38－43.

［21］闵维方，丁小浩，文东茅，等．2005 年高校毕业生就业状况的调查分析［J］．高等教育研究，2006（1）：31－38.

［22］莫荣，刘军．当前高校毕业生就业形势分析［J］．发展，2003（8）：48－52.

［23］王效仿．大学生就业难问题应急性对策探讨［J］．理工高教研究，2004（6）：13－15.

［24］温忠麟，侯杰泰，张雷．调节效应与中介效应的比较和应用［J］．心理学报，2005（2）：268－274.

［25］温忠麟，张雷，侯杰泰，等．中介效应检验程序及其应用［J］．心理学报，2004（5）：614－620.

［26］文东茅．家庭背景对我国高等教育机会及毕业生就业的影响［J］．北京大学教育评论，2005（3）：58－63.

［27］徐建平．论公平就业机会：美国劳动就业中反歧视法律述评［J］．牡丹江师范学院学报（哲学社会科学版），2002（4）：18－21.

［28］徐晓军．论社会资本的运作空间［J］．华中师范大学学报（人文社会科学版），2003（2）：53－55.

［29］阎凤桥，毛丹．影响高校毕业生就业的社会资本因素分析［J］．复旦教育论坛，2008（4）：56－65.

[30] 岳昌君. 教育计量学 [M]. 北京：北京大学出版社，2009.

[31] 岳昌君. 大学生就业选择的行业因素分析 [J]. 北京大学教育评论，2004 (3)：74 – 79.

[32] 岳昌君，丁小浩. 受高等教育者就业的经济学分析 [J]. 高等教育研究，2003 (6)：21 – 27.

[33] 岳昌君. 高等教育人口比重的国际比较 [J]. 比较教育研究，2004 (2)：11 – 15.

[34] 岳昌君. 中国高等教育与劳动力市场研究综述 [C]. 2004 年中国教育经济学学术年会论文：北京大学论文集，2004.

[35] 赵延东. 再就业途径选择及其影响因素：对武汉市下岗职工的问卷调查结果 [J]. 社会科学，2003 (1)：73 – 78.

[36] 郑洁. 家庭社会经济地位与大学生就业：一个社会资本的视角 [J]. 北京师范大学学报（社会科学版），2004 (3)：111 – 118.

[37] 钟云华，余素梅. 大学毕业生求职渠道选择及其影响因素研究 [J]. 高教探索，2008 (3)：109 – 114.

[38] 钟云华. 人力资本、社会资本与大学毕业生求职 [J]. 高教探索，2011 (3)：140 – 146.

[39] 钟云华. 社会资本对大学生求职影响的研究 [D]. 长沙：湖南农业大学，2007.

[40] 周雪光. 组织社会学十讲 [M]. 北京：社会科学文献出版社，2003.

[41] ALBRECHT J, B O A. An equilibrium model of search employment [J]. Journal of Political Economy, 1984, 92 (5): 824 – 840.

[42] ALBRECHT J W, OURS J C. Using employer hiring behavior to test the educational signaling hypothesis [J]. Science Electronic Publishing, 2001 (3): 361 – 372.

[43] BANERJEE B, BUCCI G. On-the-job search in a developing country: an analysis based on Indian data on migrant [J]. Economic Development and Culture Change, 1995 (3): 565 – 583.

[44] BARON R M, KENNY D A. The moderator-mediator Variable distinction in social psychological research: conceptual, strategic, and statistical considerations [J]. Journal of Personality and Social Psychology, 1986, 51 (6): 1 173 – 1 182.

[45] BAYER P, ROSS S, TOPA G. Place of work, place of residence: informal hiring networks and labor market outcomes [J]. Journal of Political

Economy, 2008, 116 (6): 1 150 - 1 196.

[46] BENDER K A, HEYWOOD J S. Educational mismatch among PhDs: determinants and consequences [M] //FREEMAN R B, GOROFF, D L. Science and engineering careers in the United States: an analysis of markets and employment. Chicago: University of Chicago Press: 229 - 255.

[47] BIAN Y. Bring strong ties back in: indirect ties, network bridges and job searches in China [J]. American Sociological Review, 1997, 62 (3): 366 - 385.

[48] BLANCHARD O, PORTUGAL P. What hides behind an unemployment rate: comparing portuguese and US Labor markets [J]. American Economic Review, 2001, 91 (1): 187 - 207.

[49] BORTNICK S M, PORTS M H. Job search methods and results: tracking the unemployed [J]. Monthly Labor Review. 1992, 115 (12): 29 - 35.

[50] BOUTTE M L. Variation in job search strategies: job search strategies and job retention in Louisiana [D]. Shreveport: Louisiana State University, 2006.

[51] BRIDGES W P, VILLEMEZ W J. Informal hiring and income in the labor market [J]. American Sociological Review. 1986, 51 (4): 574 - 582.

[52] BURT R S. Structural holes: The structure of social capital competition [M]. Cambridge, MA: Harvard University Press, 1992.

[53] CALIENDO M, SCHMIDL R, UHLENDORFF A. Social networks, job search methods and reservation wages: evidence for Germany [J]. International Journal of Manpower. 2013, 32 (7): 796 - 824.

[54] CALVO-ARMENGOL A, JACKSON M O. Networks in labor markets: wage and employment dynamics and inequality [J]. Journal of Economic Theory, 2007, 132 (1): 27 - 46.

[55] COHEN J, COHEN P. Applied multiple regression: correlation analysis for the behavioral sciences [M]. Appleton: Lawrence Erlbaum Associates, 1975.

[56] COLEMAN, JAMES S. Social capital in the creation of human capital [J]. American Journal of Sociology, 1988, 94 (Supplement 1): 95 - 120.

[57] D'AGOSTINO R B. Propensity score methods for bias reduction in the comparison of a treatment to a non-randomized control group [J]. Statistics in Medicine, 1998, 17 (19): 2 265 - 2 281.

[58] DATCHER L. The impact of informal networks on quit behavior [J].

Review of Economics and Statistics, 1983, 65: 491 – 495.

[59] DEFREITAS G. Segmented labor markets and education [M] // CARNOY M. International encyclopedia of economuics of education. 2nd ed. London: Pergamon Press, 1995: 39 – 44.

[60] DUSTMANN C, GLITZ A, Schöenberg U. Referral based job search networks [J]. Review of Economic Studies, 2016, 83 (2): 514 – 546.

[61] FERNANDEZ R, CASTILLA E J, MOORE P. Social capital at work: networks and employment at a phone center [J]. American Journal of Sociology, 2000, 105 (5): 1 288 – 1 356.

[62] FOUNTAIN C. Finding a job in the internet age [J]. Social Forces, 2005, 83 (3): 1 235 – 1 262.

[63] FRANZEN A, HANGARTNER D. Social networks and labour market outcomes: the non-monetary benefits of social capital [J]. European Sociological Review, 2006, 22 (4): 353 – 368.

[64] GRANOVETTER M. Economic action and social structure: the problem of embeddedness [J]. American Journal of Sociology, 1985, 91 (3): 481 – 510.

[65] GRANOVETTER M. The strength of weak ties [J]. American Journal of Sociology, 1973, 78 (6): 1 360 – 1 380.

[66] GRANOVETTER M. Getting a job: a study of contacts and careers [M]. 2nd ed. Chicago University of Chicago Press, 1995.

[67] GRANOVETTER M. The strength of weak ties: a network theory revisited [J]. Sociological Theory, 1983, 1 (6): 201 – 233.

[68] GRANOVETTER M. Getting a Job [M]. Cambridge: Harvard University Press, 1974.

[69] GREEN G, P, TIGGES L M, DIAZ D. Racial and ethnic differences in job-search strategies in Atlanta, Boston, and Los Angeles [J]. Social Science Quarterly, 1999, 80 (2): 263 – 278.

[70] GREGG P, WADSWORTH J. How effective are state employment agencies? Job centre use and job matching in Britain [J]. Oxford Bulletin of Economics and Statistics, 1996, 58 (3): 443 – 467.

[71] GRONAU R. Information and frictional unemployment [J]. The American Economic Review, 1971, 61 (3): 290 – 301.

[72] HOLZER H J. What employers want: job prospects for less-educated workers? [M]. New York: Russell Sage Foundation. 1996: 29 – 34.

[73] HOLZER H J. Job search by employed and unemployed youth [J]. Industrial and Labor Relations Review, 1987, 40 (4): 601 – 611.

[74] HOLZER H J. Search methods used by unemployed youth [J]. Journal of Labor Economics, 1988, 6 (1): 1 – 20.

[75] HOLZER H J. Informal job search and black youth unemployment [J]. American Economic Review, 1987, 77 (3): 446 – 452.

[76] LOANNIDES Y M, LOURY L DATCHER. Job information networks, neighborhood effects, and inequality [J]. Journal of Economic Literature, 2004, 42 (4): 1 056 – 1 093.

[77] JAMES L R, BRETT J M. Mediators, moderators, and tests for mediation [J]. Journal of Applied Psychology, 1984, 69 (2): 307 – 321.

[78] JIMENO J F, BENTOLILA S. Regional unemployment persistence (Spain, 1976 – 1994) [J]. Labour Economics, 1998, 5 (1): 25 – 51.

[79] JOVANOVIC B. Job matching and the theory of turnover [J]. Journal of Political Economy, 1979, 87 (5): 972 – 990.

[80] KAHN L, LOW S. The demand of labor market information [J]. Southern Economic Journal, 1990, 56 (4): 1 044 – 1 058.

[81] KALLEBERG A L, WALLACE M, ALTHAUSER R P. Economic segmentation, worker power, and income inequality [J]. American Journal of Sociology, 1981, 87 (3): 651 – 683.

[82] KONING P, BERG G J V D, Ridder G. A structural analysis of job search methods and subsequent wages [J]. Serie Research Memoranda, 1997: 97 – 182.

[83] KUHN P S, SKUTERUD M. Internet job search and unemployment durations [J]. American Economic Review, 2004, 94 (1): 218 – 232.

[84] Lin N. A network theory of social capital [M] //DARIO C, Deth J Van, WOLLEB G. Handbook on Social Capital. New York: Qxford University Press, 2008.

[85] LIN N. Building a network theory of social capital [J]. Connections, 1999, 22 (1): 28 – 51.

[86] LIPPMAN S A, MCCALL J J. The economics of job search: a survey [J]. Economic Inquiry, 1976, 14 (2): 155 – 189.

[87] MAU W C, KOPISCHKE A. Job search methods, Job search outcomes, and job satisfaction of college graduates: a comparison of race and sex [J]. Journal of Employment Counseling, 2001, 38 (3): 141 – 149.

[88] MCCALL J J. The economics of information and optimal stopping rules [J]. Journal of Business, 1965, 38 (3): 300 -317.

[89] MCKENNA W J, SILVERS K W, NICKERSON R B, et al. Television and market research data collection system and method: US 4 658 290 [P]. 1985 -10 -8 [2016 -08 -05].

[90] MONTGOMERY JAMES D. Social networks and labor market outcomes: toward an economic analysis [J]. American Economic Review, 1991, 81 (5): 1 408 -1 418.

[91] MONTGOMERY J D. Job search and network composition: implications of the strength-of-weak-ties hypothesis [J]. American Sociological Review, 1992, 57 (5): 586 -596.

[92] MORTENSEN D T. Job search and labor market analysis [M] // ASHENFELTER O, LAYARD R. Handbook of labor economics volume 2. Amsterdam: Elsevier, 1987: 849 -919.

[93] MORTENSEN D T. Job search, the duration of unemployment, and the Phillips curve [J]. American Economic Review, 1970, 60 (5): 847 -862.

[94] MOUW T. Social capital and finding a job: do contacts matter [J]. American Sociological Review, 2003, 68 (6): 868 -898.

[95] OSBERG L. Fishing in different pools: job-search Strategies and job-finding success in Canada in the early 1980s [J]. Journal of Labor Economics, 1993, 11 (2): 348 -386.

[96] PHELPS E S, ALCHIAN A A, CHARLES C H, et al. Microeconomic foundations of employment and inflation theory [M]. New York: W. W. Norton, 1970.

[97] PIORE M, DOERINGER P. Internal labor markets and manpower analysis [M]. Lexington: DC Heath, 1971.

[98] PORTS M H. Trends in job search methods, 1970 - 1992 [J]. Monthly Labor Review, 1993, 116 (10): 63 -67.

[99] REES A. Information networks in labor markets [J]. The American Economic Review, 1996, 56 (2): 559 -566.

[100] REID G L. Job search and the effectiveness of job-finding methods [J]. Industrial and Labor Relations Review, 1972, 25 (4): 479 -495.

[101] ROPER S. Recruitment methods and vacancy duration [J]. Scottish Journal of Political Economy, 1988, 35 (1): 51 -64.

[102] ROSENBAUM P R, RUBIN D B. The central role of the propensity

score in observational studies for causal effects [J]. Biometrika, 1983, 70 (1): 41 - 55.

[103] RUBIN D B, THOMAS N. Matching using estimated propensity scores: relating theory to practice [J]. Biometrics, 1996, 52 (1): 249 - 264.

[104] SAGEN H B, DALLAM J W, LAVERTY J R. Job Search techniques as employment channels: differential effects on the initial employment success of college graduates [J]. Career Development Quarterly, 1988, 48 (1): 74 - 85.

[105] SCOTT W R. Institutional theory: contributing to a theoretical research program [J]. Great Minds in Management: The Process of Theory Development, 2005: 460 - 484.

[106] SIMON C, WARNER J. Matchmaker, matchmaker: the effect of old boy networks on job match quality, earnings, and tenure [J]. Journal of Labor Economics, 1992, 10 (3): 306 - 330.

[107] SMITH S S. Mobilizing social resources: race, ethnic, and gender differences in social capital and persisting wage inequalities [J]. Sociological Quarterly, 2000, 41 (4): 509 - 537.

[108] SOBEL M E. Asymptotic confidence intervals for indirect effects in structural equation models [J]. Sociological Methodology, 1982, 13: 290 - 312.

[109] SOBEL M E. Direct and indirect effects in linear structural equation models [J]. Sociological Methods & Research, 1987, 16 (1): 155 - 176.

[110] SØRENSEN A B, KALLEBERG A L. An outline of a theory of the matching of persons to jobs [J]. Sociological Perspectives on Labor Markets. 1981.

[111] STIGLER G J. The theory of prices [M]. New York: Macmillan, 1966.

[112] STROBL E. Is education used as a signaling device for productivity in developing countries? Evidence from Ghana [J]. Applied Economics Letters, 2004, 11 (4): 259 - 261.

[113] ULLMAN J C. Interfirm differences in the cost of search for clerical workers [J]. Journal of Business, 1968, 41 (2): 153 - 165.

[114] BERG G J VD, KLAAUW B V D. Counseling and monitoring of unemployed workers: theory and evidence form a controlled social experiment [J]. International Economic Review, 2006, 47 (3): 895 - 936.

[115] WAHBA J, ZENOU Y. Density, social networks and job search

methods: theory and applications to Egypt [J]. Journal of Development Economics, 2005, 78 (2): 443 -473.

[116] WEBER A, MAHRINGER H. Choice and success of job search methods [J]. Empirical Economics, 2008, 35 (1): 153 -178.

[117] WEGENER B. Job mobility and social ties: social resources, prior job, and status attainment [J]. American Sociological Review, 1991, 56 (1): 60 -71.

[118] YAKUBOVICH V Y. Weak Ties, information, and influence: how workers find jobs in a local Russian labor market [J]. American Sociological Review, 2005, 70 (3): 408 -421.

附录　2013 年全国高校毕业生就业调查

亲爱的同学：

为全面准确了解我国高校毕业生的就业状况，为完善相关决策和高校人才培养机制改革提供咨询意见，我们组织本次调查。我们将严格遵守《中华人民共和国统计法》，不会以任何形式公开您的个人信息。请把您的真实情况和想法填写在相应的横线上或在选项编号上打“√”。

衷心感谢您的支持和合作！

北京大学教育学院课题组
2013 年 6 月

第一部分　基本信息

1．您现在的就业状况是：

（1）已确定单位　（2）升学（国内）　（3）出国、出境
（4）自由职业　（5）自主创业　（6）灵活就业
（7）待就业　（8）不就业拟升学　（9）暂不就业
（10）其他（请说明）

2．毕业学校名称：________（若是独立学院，请注明学校及学院名称）

3．您所主修的专业名称为：

4．您的出生年份：19 ________年

5．您的性别：

（1）男　（2）女

6．您的民族：

（1）汉族　（2）少数民族

7．您的学历是：

（1）专科生　（2）本科生　（3）硕士生
（4）博士生

8. 您是否是独生子女：

（1）是　　　　　　（2）否：共有________个兄弟姐妹

9. 您高考时的家庭所在地：________省（自治区、直辖市）属于：

（1）省会城市或直辖市　　（2）地级市　　（3）县级市或县城

（4）乡镇　　　　　　　　（5）农村

10. 您父母目前的工作状况：父亲________，母亲________

（1）国家机关、党群组织、事业单位管理人员

（2）企业管理人员

（3）专业技术人员

（4）办事人员和有关人员

（5）商业和服务人员

（6）农、林、牧、渔、水利业生产人员

（7）生产、运输设备操作人员及有关人员

（8）军人

（9）农村进城务工人员

（10）离退休

（11）无业、失业、半失业

（12）其他

11. 您的家庭人均年收入大约为：

（1）3 000 元及以下

（2）3 001 ～5 000 元

（3）5 001 ～10 000 元

（4）10 001 ～20 000 元

（5）20 001 ～50 000 元

（6）50 001 ～100 000 元

（7）100 001 元及以上

12. 您父母的最高学历：父亲________，母亲________

（1）研究生或以上　　（2）大学本科　　（3）专科

（4）高中或中专　　　（5）初中　　　　（6）小学

（7）文盲或半文盲

13. 您认为对于找工作来说您家庭的社会关系为：

（1）非常广泛　　（2）广泛　　（3）一般

（4）较少　　　　（5）非常少

第二部分　接受高等教育状况

14. 您的学习成绩在班里属于：
（1）前 25%　　（2）中上 25%　　（3）中下 25%
（4）后 25%
15. 您是否有不及格或重修的科目？
（1）否　　（2）是，共________门
16. 您在学习期间担任学生干部的情况（可多选）：
（1）校级干部　　（2）院、系级干部　　（3）班级干部
（4）没有担任过
17. 您是否为中共党员：
（1）否　　（2）是
18. 您是否为学校某一社团的成员？
（1）否　　（2）是，为：①一般成员　②负责人
19. 您是否获得过以下等级证书（可多选）：
（1）外语类　　（2）计算机类　　（3）职业类
（4）其他类
20. 您所学专业与您的兴趣的吻合状况：
（1）非常吻合　　（2）基本吻合　　（3）不太吻合
（4）相去甚远　　（5）不知道
21. 您是否转过专业：
（1）否　　（2）是，由________专业转为________专业
22. 您是否辅修过其他专业或第二学位：
（1）否　　（2）是
23. 在本阶段学习期间，A. 您是否获得过奖学金：
（1）没有　　（2）有，合计________元
B. 您是否获得过助学金：（1）没有　　（2）有，合计________元
24. 2012 年 9 月至今的实习（见习）经历及评价：
A. 您是否有实习（见习）经历：（1）有，共________次（2）没有（请直接跳至题 25）
B. 实习时间：总计________个月，平均每月________天，平均每天________小时
C. 您认为自己花费在实习上的时间：（1）过多（2）较多（3）适当（4）较少（5）过少
D. 您认为同专业同学花费在实习上的时间：（1）过多（2）较多（3）适当（4）较少（5）过少

E. 您的实习投入对学习成绩的影响：(1) 降低 (2) 略降低 (3) 没有影响 (4) 略提高 (5) 提高

请根据对您影响最大的一次实习经历填写以下问题：

F. 此次实习的获得渠道（单选）：

(1) 院校安排　(2) 亲戚关系　(3) 学校/校友推荐

(4) 招聘会　(5) 招聘网站　(6) 其他

G. 此次实习的目的（请按重要性从高到低排序）：________ > ________ > ________

(1) 留聘实习单位　(2) 提高简历竞争力　(3) 课堂知识实践

(4) 获得求职岗位技能 (5) 熟悉求职行业情况　(6) 实习薪酬

(7) 了解自己，促进职业规划 (8) 了解职场处事规范

H. 此次实习的场所：

(1) 政府机关　(2) 事业单位　(3) 国有企业

(4) 外/合资企业　(5) 私营企业　(6) 其他

I. 此次实习单位与就业单位的匹配程度（可多选）

(1) 相同行业

(2) 相同或相似岗位

(3) 无关

(4) 未确定单位

J. 您是否认同以下说法？（在相应栏内画√）

选项	很认同	认同	一般	不认同	很不认同
①总体上非常满意自己的此次实习经历	(5)	(4)	(3)	(2)	(1)
②此次实习的单位有很高声望与竞争力	(5)	(4)	(3)	(2)	(1)
③此次实习内容与专业内容十分对口	(5)	(4)	(3)	(2)	(1)
④此次实习单位提供的实习指导充分且有用	(5)	(4)	(3)	(2)	(1)

25. 您如何评价院校提供的学习条件和机会？（在相应栏内画√）

选项	很好	较好	一般	较差	很差
A. 通识教育课程的教学	(5)	(4)	(3)	(2)	(1)
B. 专业领域的实践性技能培养	(5)	(4)	(3)	(2)	(1)
C. 实习机会	(5)	(4)	(3)	(2)	(1)
D. 社团活动的机会	(5)	(4)	(3)	(2)	(1)

续上表

选项	很好	较好	一般	较差	很差
E. 就业指导	(5)	(4)	(3)	(2)	(1)
F. 专业转换机会	(5)	(4)	(3)	(2)	(1)
G. 专业知识的教学	(5)	(4)	(3)	(2)	(1)
H. 跨学科知识的学习机会	(5)	(4)	(3)	(2)	(1)
I. 图书馆设施和藏书量	(5)	(4)	(3)	(2)	(1)
J. 教师教学质量	(5)	(4)	(3)	(2)	(1)
K. 教学辅助和实验设备	(5)	(4)	(3)	(2)	(1)
L. 参与课题的机会	(5)	(4)	(3)	(2)	(1)

26. 您如何评价自己在以下方面的发展？（在相应栏内画√）

选项	很好	较好	一般	较差	很差
A. 知识面	(5)	(4)	(3)	(2)	(1)
B. 社会责任感	(5)	(4)	(3)	(2)	(1)
C. 尊重和理解不同地区和社会文化背景的群体	(5)	(4)	(3)	(2)	(1)
D. 国际视野	(5)	(4)	(3)	(2)	(1)
E. 获取信息的能力	(5)	(4)	(3)	(2)	(1)
F. 社会交往能力	(5)	(4)	(3)	(2)	(1)
G. 批判性思维	(5)	(4)	(3)	(2)	(1)
H. 写作能力	(5)	(4)	(3)	(2)	(1)
I. 专业领域的动手能力	(5)	(4)	(3)	(2)	(1)
J. 重大社会问题的关心程度（如环境保护、收入差距等）	(5)	(4)	(3)	(2)	(1)
K. 组织领导能力	(5)	(4)	(3)	(2)	(1)
L. 专业知识的深度	(5)	(4)	(3)	(2)	(1)
M. 专业知识的广度	(5)	(4)	(3)	(2)	(1)
N. 口头表达能力	(5)	(4)	(3)	(2)	(1)
O. 外语沟通能力	(5)	(4)	(3)	(2)	(1)

续上表

选项	很好	较好	一般	较差	很差
P. 发现问题能力	(5)	(4)	(3)	(2)	(1)
Q. 数据分析能力	(5)	(4)	(3)	(2)	(1)
R. 诚信度与公民意识	(5)	(4)	(3)	(2)	(1)
S. 重大政治事件的关心程度（如两会、领导人更换等）	(5)	(4)	(3)	(2)	(1)
T. 解决问题能力	(5)	(4)	(3)	(2)	(1)

第三部分　求职过程（有求职经历者必填）

27．您是何时开始找工作的：________年________月

28．您开始求职时，期望的就业起薪为：________元/月，可以接受的最低起薪为：________元/月；您可接受的最长待业时间为：________天

29．A．您使用下列哪种途径获得工作的相关信息？（在相应栏内画√）

选项	经常使用	比较常用	不太常用	从没用过
①学校（院系）就业指导机构发布的需求信息	(4)	(3)	(2)	(1)
②从企业得到的招聘广告	(4)	(3)	(2)	(1)
③在人才洽谈会获得的信息	(4)	(3)	(2)	(1)
④父母、亲戚介绍的信息	(4)	(3)	(2)	(1)
⑤网络招聘信息	(4)	(3)	(2)	(1)
⑥从职业介绍机构获得的信息	(4)	(3)	(2)	(1)
⑦专门性的人才招聘信息刊物	(4)	(3)	(2)	(1)
⑧新闻媒介的招聘广告	(4)	(3)	(2)	(1)
⑨朋友、熟人介绍的信息	(4)	(3)	(2)	(1)
⑩实习单位提供的信息	(4)	(3)	(2)	(1)

B．如果您已经获得工作，所用信息途径的主要来源是以上哪一选项？

30．在求职过程中，您大约向________个单位递交过求职简历，共接受过________个单位的面试，其中曾表示愿意接收您的单位为________个

31．您主要向以下哪两类单位求职？第一位________；第二位________

（1）国家机关　　（2）学校、科研单位　　（3）其他事业单位

（4）国有企业　　（5）三资企业　　　（6）民营企业

（7）其他

32. 在您选择或确定工作单位时，下列因素的重要程度如何？（在相应栏内画√）

选项	非常重要	比较重要	不太重要	不重要
A. 工作单位在大城市	（4）	（3）	（2）	（1）
B. 工作单位的规模大	（4）	（3）	（2）	（1）
C. 工作自由	（4）	（3）	（2）	（1）
D. 福利待遇好	（4）	（3）	（2）	（1）
E. 符合自己的兴趣爱好	（4）	（3）	（2）	（1）
F. 工作舒适、劳动强度低	（4）	（3）	（2）	（1）
G. 能获得权力和社会资源	（4）	（3）	（2）	（1）
H. 能够解决户口问题	（4）	（3）	（2）	（1）
I. 工作单位的声誉好	（4）	（3）	（2）	（1）
J. 工作稳定	（4）	（3）	（2）	（1）
K. 经济收入高	（4）	（3）	（2）	（1）
L. 发展前景好	（4）	（3）	（2）	（1）
M. 利于施展个人的才干	（4）	（3）	（2）	（1）
N. 可兼顾亲友关系	（4）	（3）	（2）	（1）
O. 对社会的贡献	（4）	（3）	（2）	（1）
P. 专业对口	（4）	（3）	（2）	（1）

33. 您认为下列因素对就业结果的影响程度如何？（在相应栏内画√）

选项	非常重要	比较重要	不太重要	不重要
A. 学习成绩好	（4）	（3）	（2）	（1）
B. 有相关实习和工作经历	（4）	（3）	（2）	（1）
C. 形象气质好	（4）	（3）	（2）	（1）
D. 学历层次高	（4）	（3）	（2）	（1）

续上表

选项	非常重要	比较重要	不太重要	不重要
E. 是党员	(4)	(3)	(2)	(1)
F. 学校名气大	(4)	(3)	(2)	(1)
G. 老师的推荐	(4)	(3)	(2)	(1)
H. 朋友的帮助	(4)	(3)	(2)	(1)
I. 就业信息多	(4)	(3)	(2)	(1)
J. 了解自己，扬长避短	(4)	(3)	(2)	(1)
K. 工作能力强	(4)	(3)	(2)	(1)
L. 性别为男性	(4)	(3)	(2)	(1)
M. 热门专业	(4)	(3)	(2)	(1)
N. 应聘技巧好	(4)	(3)	(2)	(1)
O. 学生干部	(4)	(3)	(2)	(1)
P. 往届毕业生的声誉好	(4)	(3)	(2)	(1)
Q. 家庭背景好或亲戚的帮助	(4)	(3)	(2)	(1)
R. 送礼拉关系	(4)	(3)	(2)	(1)
S. 拥有就业地户口	(4)	(3)	(2)	(1)
T. 了解求职岗位的要求及特点	(4)	(3)	(2)	(1)

34. 到目前为止，您为求职而花费的相关费用估计共约为________元，其中：

A. 简历制作________元

B. 交通费________元

C. 招聘会门票等________元

D. 通信费用________元

E. 置装费________元

F. 人情、礼品费用________元

G. 其他有关费用________元

35. A. 您是否参加过学校开设的就业指导课或讲座？

（1）否　　　　　　（2）是，共________小时

B. 您觉得学校开设的就业指导课或讲座对您的帮助如何？

（1）帮助很大　　（2）帮助较大　　（3）有一定帮助
（4）帮助较小　　（5）没有帮助

第四部分　最终就业签约状况（已经确定就业单位者必答）

36. A. 您已经确定的就业单位在：________省（自治区、直辖市）
B. ________年________月确定了这份工作
C. 工作地点在：
（1）省会城市或直辖市　　（2）地级市
（3）县级市或县城　　（4）乡镇　　（5）农村
37. 您找到的这份工作的月收入平均（税前）大约是________元。
38. 您对找到的这份工作：
（1）非常满意　　（2）满意　　（3）一般
（4）不太满意　　（5）很不满意
39. 您找到的这份工作与您所学专业的相关程度如何？
（1）非常对口　　（2）基本对口　　（3）有一些关联
（4）毫不相关　　（5）不清楚
40. 要胜任您找到的这份工作，您估计实际上需要的教育层次为：
（1）初中　　（2）高中或中专　　（3）专科
（4）本科　　（5）硕士　　（6）博士
41. 您这份工作的单位性质是：
（1）国家机关　　（2）国有企业
（3）私营企业（民营、个体）　　（4）三资企业
（5）乡镇企业　　（6）其他企业
（7）科研单位　　（8）高等学校
（9）中小学　　（10）医疗卫生单位
（11）其他事业单位　　（12）部队
（13）其他：________
42. 您这份工作的行业属于：
（1）农林牧渔　　（2）采矿业　　（3）制造业
（4）电力、煤气和水的生产和供应业
（5）建筑业　　（6）交通运输、仓储和邮政
（7）信息传输、计算机服务、软件业
（8）批发零售　　（9）住宿餐饮
（10）金融业　　（11）房地产
（12）租赁和商务服务业
（13）科学研究、技术服务、地质勘查

（14）水利环境公共设施管理

（15）居民服务　　　（16）教育

（17）卫生、社会保障与福利

（18）文化体育娱乐

（19）公共管理与社会组织

（20）其他：________

43. 您这份工作的单位规模为（指与您签约的那一级单位）______人。

44. 您与工作单位的雇佣（签约）形式：

A. 是否解决户口：（1）是（2）否

B. 签约的合同雇佣时间为：（1）一年及以下　（2）一年到三年　（3）三年及以上　（4）未说明

45. 您这份工作的职业属于：

（1）国家机关、党群组织、事业单位管理人员

（2）企业管理人员

（3）专业技术人员

（4）办事人员和有关人员

（5）商业和服务人员

（6）农、林、牧、渔、水利业生产人员

（7）生产、运输设备操作人员及有关人员

（8）军人

（9）其他

46. 为了获得这份工作，就业单位是否要求您实习？

（1）不要求

（2）要求实习，实习时间折合为________天，报酬为________元/天（若无报酬，写0元）

问卷结束，再次谢谢您的合作！

附表1 城镇生源家庭人均年收入所在区间的个案分布比例

省/市/区	3 000元及以下/%	3 001～5 000元/%	5 001～10 000元/%	10 001～20 000元/%	20 001～50 000元/%	50 001～100 000元/%	100 001元及以上/%	合计/%
北京	3.6	3.6	25.0	7.1	21.4	28.6	10.7	100
天津	11.3	9.4	26.4	15.1	13.2	13.3	11.3	100
上海	0	0	0	16.7	0	66.6	16.7	100
河北	15.7	18.9	19.5	17.6	15.7	8.7	3.8	100
辽宁	10.4	8.3	17.7	16.7	24.0	16.6	6.3	100
江苏	6.6	8.6	12.2	13.7	21.3	27.4	10.2	100
浙江	6.0	5.7	13.8	16.3	20.6	24.8	12.8	100
福建	3.1	18.8	12.5	31.3	21.9	9.4	3.0	100
山东	12.9	15.4	24.6	18.2	18.4	8.3	2.2	100
广东	13.7	14.4	20.1	15.8	18.7	9.4	7.9	100
海南	17.6	21.2	21.2	12.9	16.5	8.2	2.4	100
山西	17.5	15.0	20.0	20.0	12.5	12.5	2.5	100
吉林	7.7	17.3	22.1	17.3	22.1	7.7	5.8	100
黑龙江	15.2	12.7	19.0	15.2	16.5	10.0	11.4	100
安徽	11.1	17.0	17.6	19.6	19.6	12.6	2.5	100
江西	15.3	18.4	23.4	19.6	13.7	7.1	2.5	100
河南	28.9	19.9	20.4	13.3	9.0	8.0	0.5	100

续上表

省/市/区	3 000 元及以下/%	3 001 ～ 5 000 元/%	5 001 ～ 10 000 元/%	10 001 ～ 20 000 元/%	20 001 ～ 50 000 元/%	50 001 ～ 100 000 元/%	100 001 元及以上/%	合计/%
湖　北	12.6	16.2	25.5	16.8	17.3	9.1	2.5	100
湖　南	8.1	21.0	16.1	19.4	19.4	6.5	9.5	100
内蒙古	10.5	15.8	24.6	15.8	17.5	12.3	3.5	100
广　西	11.4	22.7	11.4	27.3	11.4	9.0	6.8	100
重　庆	11.2	22.5	24.7	14.6	13.5	7.9	5.6	100
四　川	7.4	16.9	16.9	14.9	18.2	17.6	8.1	100
贵　州	24.3	21.6	18.9	8.1	18.9	5.5	2.7	100
云　南	14.1	21.2	29.4	16.5	11.8	2.3	4.7	100
西　藏	40.0	0	20.0	40.0	0	0	0	100
陕　西	9.5	19.0	19.0	21.4	11.9	16.8	2.4	100
甘　肃	21.9	21.9	32.8	14.1	7.8	1.5	0	100
青　海	21.1	21.1	10.5	15.8	15.8	10.4	5.3	100
宁　夏	25.0	25.0	22.8	11.1	11.1	4.4	0.6	100
新　疆	13.8	13.8	10.3	20.7	27.6	10.4	3.4	100
平　均	13.5	16.1	20.7	16.6	16.7	11.4	4.8	100

附表 2　农村生源家庭人均年收入所在区间的个案分布比例

省/市/区	3 000 元及以下/%	3 001 ～ 5 000 元/%	5 001 ～ 10 000 元/%	10 001 ～ 20 000 元/%	20 001 ～ 50 000 元/%	50 001 ～ 100 000 元/%	100 001 元及以上/%	合计/%
天　津	0	0	100	0	0	0	0	100
河　北	33.8	22.1	17.6	11.8	10.3	1.5	2.9	100
辽　宁	16.7	66.7	0	16.6	0	0	0	100
江　苏	17.9	28.6	17.9	14.3	14.3	3.4	3.6	100
浙　江	15.0	15.0	6.7	20.0	26.6	10.0	6.7	100
福　建	11.1	22.2	38.9	11.1	16.7	0	0	100
山　东	22.6	19.0	22.0	20.8	11.9	3.1	0.6	100
广　东	14.3	35.7	28.6	7.1	0	0	14.3	100
海　南	35.7	21.4	42.9	0	0	0	0	100
山　西	20.0	20.0	30.0	10.0	20.0	0	0	100
吉　林	33.3	20.0	26.7	13.3	6.7	0	0	100
黑龙江	50.0	0	50.0	0	0	0	0	100
安　徽	27.6	29.3	17.2	19.0	3.4	3.5	0	100
江　西	29.1	19.7	26.8	14.2	10.2	0	0	100
河　南	23.7	26.3	22.8	14.9	9.6	1.8	0.9	100
湖　北	23.5	20.9	24.3	15.7	14.7	0.9	0	100
湖　南	7.7	23.1	7.7	30.7	30.7	0	0	100

续上表

省/市/区	3 000 元及以下/%	3 001 ～ 5 000 元/%	5 001 ～ 10 000 元/%	10 001 ～ 20 000 元/%	20 001 ～ 50 000 元/%	50 001 ～ 100 000 元/%	100 001 元及以上/%	合计/%
内蒙古	30. 0	20. 0	20. 0	20. 0	10. 0	0	0	100
广　西	30. 8	30. 8	15. 4	23. 0	0	0	0	100
重　庆	15. 0	40. 0	10. 0	15. 0	20. 0	0	0	100
四　川	24. 4	12. 2	19. 5	7. 3	24. 4	12. 2	0	100
贵　州	33. 3	33. 3	8. 3	16. 7	8. 4	0	0	100
云　南	39. 2	35. 3	23. 5	0	2. 0	0	0	100
西　藏	100	0	0	0	0	0	0	100
陕　西	21. 7	26. 1	21. 7	17. 4	13. 1	0	0	100
甘　肃	42. 9	28. 6	14. 3	10. 7	3. 5	0	0	100
青　海	60. 0	40. 0	0	0	0	0	0	100
宁　夏	33. 3	17. 9	35. 9	5. 1	5. 2	0	2. 6	100
新　疆	100	0	0	0	0	0	0	100
平　均	26. 1	23. 0	21. 7	14. 5	11. 4	2. 2	1. 1	100

附表 3 2013 年各省（市、自治区）城乡最低生活保障标准（单位：元/人·年$^{-1}$）

省/市/区	城市#	农村	数据来源
北京	6 960	5 520	http://www.gov.cn/jrzg/2012-12/26/content_2299771.htm 中央人民政府/今日中国/中国要闻
天津	6 240	3 840	http://www.tjzfxxgk.gov.cn/tjep/ConInfoParticular.jsp?id=39186天津市财政局关于调整社会救助范围和标准的通知
上海	7 680	6 000	http://sh.sina.com.cn/news/b/2013-03-30/081040612.html
重庆	3 960	2 220	http://www.gov.cn/gzdt/2013-02/19/content_2334718.htm
河北	5 400	2 500	http://www.mca.gov.cn/article/zwgk/dfxx/201312/20131200556679.shtml 中华人民共和国民政部 / 地方信息
辽宁	4 944	2 737	http://sy.bendibao.com/news/2013830/33100.shtm
江苏	5 760	4 920	http://dbs.mca.gov.cn/article/csdb/dxjy/201308/20130800509203.shtml 中华人民共和国民政部
浙江	5 988	4 548	http://finance.chinanews.com/cj/2013/10-18/5399375.shtml
福建	3 204	1 900	http://news.hexun.com/2012-12-17/149131512.html;http://www.qzwb.com/gb/content/2013-01/25/content_4293531.htm
山东*	4 428	2 211	http://www.gov.cn/gzdt/2013-01/06/content_2305773.htm 中央人民政府/工作动态/地方政务
广东*	4 707	3 942	http://dbs.mca.gov.cn/article/csdb/dfwj/201305/20130500454327.shtml 中华人民共和国民政部
海南	3 960	1 650	http://www.gov.cn/gzdt/2013-08/24/content_2473069.htm;http://news.0898.net/health/n/2013/0126/c231201-18084228.html
山西	4 440	2 760	http://www.ycsnlw.com/nczy/html/196/196-jxmz_2013516163545.html; http://www.shanxigov.cn/n16/n8319541/n8319612/n8322053/n8324992/n8381744/n16910547/17135212.html
吉林	3 204	1 385	http://www.gov.cn/gzdt/2013-02/22/content_2337703.htm 中央人民政府/工作动态/地方政务
黑龙江	3 612	1 718	http://www.gov.cn/gzdt/2012-10/19/content_2246887.htm 中央人民政府/工作动态/地方政务

续上表

省/市/区	城市#	农村	数据来源
安徽	3 979	2 076	http://wcwy. ahxf. gov. cn/village/newcontent. asp?WebID = 21071&Class_ ID = 153557&id = 943799
江西	4 800	2 400	http://www. gov. cn/gzdt/2013 - 01/09/content_ 2308060. htm 中央人民政府/工作动态/地方政务
河南	3 600	1 800	http://www. henanmz. gov. cn/system/2013/04/10/010382864. shtml 河南省民政厅
湖北	3 710	1 896	http://www. hbmzt. gov. cn:8080/wcm/search/search. jsp?SearchValue = % D7% EE% B5% CD% C9% FA% BB% EE% B1% A3% D5% CF&SearchKey = DOCTITLE 湖北省民政厅
湖南	3 720	1 800	http://news. 0731fdc. com/fc/201311/18/11574320_ 1. html
内蒙古*	5 538	3 457	http://www. nmgzfgb. gov. cn/information/nmgzb20/msg6770103788. html
广西	2 734	1 116	http://www. nmgpop. gov. cn/gwbc/sqs/313388. shtml
四川*	2 784	1 248	http://www. scmz. gov. cn/InfoDetail. asp?ID = 10243
贵州	3 932	1 635	http://www. zjdpc. gov. cn/art/2012/12/25/art_ 791_ 473489. html
云南	2 880	1 296	http://www. chinaacc. com/new/184_ 900_ 201302/18le531295674. shtml
西藏	4 800	1 600	http://www. gov. cn/test/2013 - 02/19/content_ 2335185. htm 2013年西藏自治区人民政府工作报告
陕西	4 260	2 020	http://www. gov. cn/gzdt/2013 - 01/17/content_ 2313649. htm 中央人民政府/工作动态/地方政务
甘肃	3 600	2 940	http://zc. k8008. com/html/gansu/shengzhengfu/2012/1218/688229. html
青海	3 696	2 642	http://www. gov. cn/gzdt/2012 - 10/01/content_ 2236856. htm 中央人民政府/工作动态/地方政务
宁夏	3 600	1 930	http://www. gov. cn/gzdt/2013 - 07/16/content_ 2448825. htm 中央人民政府/工作动态/地方政务
新疆	2 844	1 308	http://egov. xinjiang. gov. cn/wsbs/mxgr/shbz/shjz/zcfg/2013/226823. htm

#注：城市低保标准一般以每人每月为标准，本表格根据相关文件提供的数值折算成每人每年的数额。＊注：文件未提供全省（区）平均值，本表根据附件文件中提供的各市各区金额，计算平均值。上述数据来源部分为当地政府公布，但存在网址域名更换或行政文件撤换的可能性，本研究不保证各地生活保障标准的政策长期贯彻实施，请以当下实时政策指导为准。

附表 4　多重共线性诊断结果——条件指数（被解释变量：求职途径）

维数	条件指数	方差分解比例															
		常量	X_1	X_2	X_3	X_4	X_5	X_6	X_7	X_8	X_9	X_{10}	X_{11}	X_{12}	X_{13}	X_{14}	X_{15}
1	1.000	0.001	0.003	0.001	0.003	0.004	0.002	0.004	0.004	0.000	0.001	0.005	0.001	0.003	0.001	0.005	0.003
2	1.935	0.000	0.041	0.016	0.003	0.003	0.001	0.002	0.029	0.017	0.000	0.001	0.010	0.001	0.000	0.001	0.000
3	2.299	0.000	0.003	0.000	0.172	0.062	0.191	0.039	0.002	0.000	0.031	0.000	0.006	0.000	0.001	0.001	0.002
4	2.534	0.000	0.009	0.001	0.039	0.014	0.003	0.003	0.012	0.002	0.445	0.042	0.104	0.000	0.000	0.004	0.000
5	2.603	0.000	0.119	0.000	0.000	0.007	0.001	0.000	0.003	0.000	0.085	0.041	0.551	0.000	0.000	0.007	0.000
6	3.035	0.000	0.004	0.001	0.283	0.100	0.460	0.013	0.000	0.002	0.042	0.000	0.007	0.000	0.000	0.014	0.000
7	3.187	0.000	0.486	0.002	0.112	0.047	0.015	0.011	0.014	0.003	0.034	0.042	0.217	0.000	0.000	0.035	0.000
8	3.464	0.000	0.157	0.001	0.001	0.013	0.000	0.000	0.002	0.001	0.074	0.795	0.081	0.000	0.001	0.002	0.003
9	3.643	0.001	0.090	0.000	0.358	0.530	0.015	0.006	0.030	0.000	0.001	0.012	0.015	0.007	0.003	0.038	0.020
10	4.167	0.000	0.059	0.000	0.012	0.056	0.005	0.067	0.181	0.000	0.000	0.015	0.004	0.025	0.004	0.564	0.015
11	4.308	0.000	0.021	0.000	0.001	0.107	0.269	0.604	0.000	0.000	0.001	0.022	0.000	0.005	0.002	0.130	0.022
12	4.771	0.001	0.003	0.014	0.003	0.000	0.010	0.002	0.647	0.008	0.201	0.004	0.002	0.082	0.009	0.040	0.095
13	5.845	0.000	0.000	0.000	0.003	0.000	0.002	0.080	0.003	0.000	0.008	0.005	0.000	0.575	0.003	0.031	0.354
14	8.159	0.025	0.002	0.004	0.010	0.007	0.023	0.004	0.039	0.000	0.012	0.002	0.000	0.170	0.446	0.031	0.452
15	12.348	0.001	0.002	0.957	0.000	0.000	0.002	0.002	0.014	0.948	0.006	0.000	0.001	0.000	0.003	0.000	0.001
16	15.663	0.972	0.000	0.001	0.000	0.050	0.002	0.162	0.019	0.018	0.059	0.014	0.001	0.130	0.527	0.097	0.031

注：各变量指代：X_1—硕士；X_2—专科；X_3—高收入家庭；X_4—低收入家庭；X_5—家庭社会联系较广泛；X_6—家庭社会联系较少；X_7—985 和 211 重点院校；X_8—高职高专院校；X_9—民办院校与独立学院；X_{10}—学习成绩前 25%；X_{11}—学习成绩后 25%；X_{12}—获外语类证书；X_{13}—父母平均受教育年限；X_{14}—男性；X_{15}—城镇生源。

附表 5　多重共线性诊断结果——方差膨胀因子 VIF

解释变量	被解释变量：工作机会获得率	被解释变量：起薪
硕　士	1. 393	1. 391
专　科	9. 000	8. 872
高收入家庭	1. 145	1. 144
低收入家庭	1. 161	1. 163
家庭社会联系较广泛	1. 207	1. 206
家庭社会联系较少	1. 358	1. 361
985 和 211 重点院校	1. 659	1. 648
高职高专院校	9. 283	9. 167
民办院校与独立学院	1. 270	1. 279
学习成绩前 25%	1. 052	1. 052
学习成绩后 25%	1. 054	1. 052
获外语类证书	1. 108	1. 110
父母平均受教育年限	1. 373	1. 374
男　性	1. 121	1. 122
城镇生源	1. 162	1. 163
京津沪就业	1. 542	1. 538
东部地区就业	1. 773	1. 786
西部地区就业	1. 600	1. 599
国家机关	1. 181	1. 181
国有企业	1. 470	1. 470
三资企业	1. 163	1. 161
事业单位	1. 454	1. 441

附表 6 多重共线性诊断结果——条件指数（被解释变量：工作机会获得率）

维数	条件指数	方差分解比例																						
		常量	X_1	X_2	X_3	X_4	X_5	X_6	X_7	X_8	X_9	X_{10}	X_{11}	X_{12}	X_{13}	X_{14}	X_{15}	X_{16}	X_{17}	X_{18}	X_{19}	X_{20}	X_{21}	X_{22}
1	1.000	0.00	0.00	0.00	0.00	0.00	0.00	0.00	0.00	0.00	0.00	0.00	0.00	0.00	0.00	0.00	0.00	0.00	0.00	0.00	0.00	0.00	0.00	0.00
2	2.004	0.00	0.03	0.01	0.00	0.00	0.00	0.00	0.02	0.01	0.00	0.00	0.01	0.00	0.00	0.00	0.00	0.02	0.01	0.00	0.00	0.01	0.00	0.00
3	2.462	0.00	0.01	0.00	0.13	0.05	0.14	0.03	0.00	0.00	0.05	0.00	0.00	0.00	0.00	0.00	0.00	0.01	0.00	0.00	0.04	0.00	0.00	0.02
4	2.549	0.00	0.08	0.00	0.00	0.01	0.01	0.00	0.00	0.00	0.00	0.00	0.07	0.00	0.00	0.01	0.00	0.05	0.00	0.06	0.02	0.05	0.00	0.10
5	2.619	0.00	0.00	0.00	0.02	0.01	0.02	0.01	0.00	0.00	0.26	0.00	0.00	0.00	0.00	0.00	0.00	0.03	0.03	0.02	0.03	0.01	0.02	0.02
6	2.746	0.00	0.01	0.00	0.00	0.00	0.00	0.00	0.00	0.00	0.00	0.01	0.05	0.00	0.00	0.00	0.00	0.06	0.00	0.06	0.00	0.01	0.33	0.08
7	2.899	0.00	0.01	0.00	0.04	0.01	0.02	0.00	0.00	0.00	0.03	0.04	0.27	0.00	0.00	0.00	0.00	0.00	0.00	0.01	0.24	0.00	0.01	0.09
8	2.931	0.00	0.00	0.00	0.02	0.02	0.00	0.00	0.00	0.00	0.00	0.03	0.30	0.00	0.00	0.00	0.00	0.00	0.00	0.00	0.36	0.03	0.03	0.01
9	3.053	0.00	0.00	0.00	0.03	0.00	0.00	0.00	0.00	0.00	0.01	0.00	0.00	0.00	0.00	0.00	0.00	0.07	0.01	0.15	0.00	0.08	0.27	0.06
10	3.321	0.00	0.00	0.00	0.18	0.06	0.32	0.01	0.00	0.00	0.14	0.00	0.04	0.00	0.00	0.01	0.00	0.04	0.01	0.02	0.00	0.00	0.04	0.00
11	3.385	0.00	0.00	0.00	0.08	0.03	0.15	0.01	0.01	0.00	0.18	0.00	0.04	0.00	0.00	0.00	0.00	0.15	0.07	0.05	0.04	0.00	0.00	0.00
12	3.668	0.00	0.07	0.00	0.10	0.13	0.00	0.01	0.00	0.00	0.01	0.47	0.17	0.00	0.00	0.03	0.00	0.03	0.00	0.00	0.00	0.00	0.01	0.02
13	3.888	0.00	0.04	0.00	0.33	0.28	0.00	0.01	0.00	0.00	0.03	0.31	0.03	0.00	0.00	0.00	0.01	0.00	0.01	0.02	0.00	0.01	0.01	0.00
14	4.222	0.00	0.58	0.00	0.04	0.16	0.03	0.00	0.00	0.00	0.02	0.08	0.00	0.00	0.00	0.06	0.01	0.06	0.00	0.00	0.00	0.01	0.02	0.13
15	4.594	0.00	0.05	0.00	0.00	0.12	0.07	0.23	0.03	0.00	0.01	0.00	0.01	0.01	0.01	0.39	0.03	0.00	0.00	0.00	0.00	0.04	0.00	0.02
16	4.666	0.00	0.04	0.00	0.00	0.02	0.15	0.17	0.23	0.00	0.00	0.01	0.00	0.01	0.00	0.16	0.01	0.00	0.01	0.00	0.05	0.19	0.12	0.02
17	4.878	0.00	0.04	0.00	0.00	0.03	0.05	0.27	0.23	0.00	0.02	0.01	0.00	0.01	0.00	0.18	0.00	0.02	0.00	0.00	0.06	0.23	0.06	0.04
18	5.927	0.00	0.03	0.01	0.00	0.01	0.00	0.00	0.33	0.01	0.11	0.00	0.00	0.06	0.00	0.00	0.21	0.01	0.00	0.03	0.13	0.27	0.09	0.29

续上表

维数	条件指数	常量	X_1	X_2	X_3	X_4	X_5	X_6	X_7	X_8	X_9	X_{10}	X_{11}	X_{12}	X_{13}	X_{14}	X_{15}	X_{16}	X_{17}	X_{18}	X_{19}	X_{20}	X_{21}	X_{22}
		方差分解比例																						
19	6.308	0.00	0.00	0.01	0.00	0.00	0.00	0.04	0.04	0.00	0.07	0.00	0.00	0.01	0.00	0.00	0.10	0.40	0.68	0.48	0.00	0.00	0.00	0.00
20	6.493	0.00	0.00	0.00	0.00	0.00	0.00	0.08	0.01	0.00	0.01	0.00	0.00	0.66	0.00	0.03	0.26	0.00	0.03	0.00	0.00	0.00	0.00	0.00
21	9.394	0.02	0.00	0.00	0.01	0.00	0.02	0.00	0.04	0.00	0.01	0.00	0.00	0.10	0.55	0.02	0.34	0.02	0.04	0.01	0.03	0.05	0.01	0.05
22	13.766	0.00	0.00	0.95	0.00	0.00	0.00	0.00	0.02	0.96	0.01	0.00	0.00	0.00	0.00	0.00	0.00	0.01	0.01	0.01	0.00	0.00	0.00	0.00
23	18.150	0.98	0.00	0.01	0.00	0.05	0.00	0.14	0.02	0.01	0.04	0.01	0.00	0.11	0.43	0.10	0.03	0.01	0.08	0.05	0.00	0.01	0.00	0.03

注：各变量指代：X_1—硕士；X_2—专科；X_3—高收入家庭；X_4—低收入家庭；X_5—家庭社会联系较广泛；X_6—家庭社会联系较少；X_7—985 和 211 重点院校；X_8—高职高专院校；X_9—民办院校与独立学院；X_{10}—学习成绩前 25%；X_{11}—学习成绩后 25%；X_{12}—获外语类证书；X_{13}—父母平均受教育年限；X_{14}—男性；X_{15}—城镇生源；X_{16}—京津沪就业；X_{17}—东部地区就业；X_{18}—西部地区就业；X_{19}—国家机关；X_{20}—国有企业；X_{21}—三资企业；X_{22}—事业单位。

附表 7　多重共线性诊断结果——条件指数（被解释变量：起薪）

维数	条件指数	常量	X_1	X_2	X_3	X_4	X_5	X_6	X_7	X_8	X_9	X_{10}	X_{11}	X_{12}	X_{13}	X_{14}	X_{15}	X_{16}	X_{17}	X_{18}	X_{19}	X_{20}	X_{21}	X_{22}
		方差分解比例																						
1	1.000	0.00	0.00	0.00	0.00	0.00	0.00	0.00	0.00	0.00	0.00	0.00	0.00	0.00	0.00	0.00	0.00	0.00	0.00	0.00	0.00	0.00	0.00	0.00
2	2.005	0.00	0.03	0.01	0.00	0.00	0.00	0.00	0.02	0.01	0.00	0.00	0.00	0.00	0.00	0.00	0.00	0.02	0.01	0.00	0.00	0.01	0.00	0.00
3	2.464	0.00	0.01	0.00	0.13	0.04	0.14	0.03	0.00	0.00	0.05	0.00	0.00	0.00	0.00	0.00	0.00	0.01	0.00	0.00	0.04	0.00	0.00	0.01
4	2.554	0.00	0.09	0.00	0.00	0.01	0.01	0.00	0.00	0.00	0.00	0.00	0.07	0.00	0.00	0.01	0.00	0.04	0.00	0.06	0.01	0.05	0.00	0.11
5	2.621	0.00	0.00	0.00	0.02	0.01	0.02	0.01	0.00	0.00	0.25	0.00	0.00	0.00	0.00	0.00	0.00	0.03	0.03	0.01	0.03	0.01	0.02	0.02
6	2.747	0.00	0.00	0.00	0.00	0.00	0.00	0.00	0.00	0.00	0.01	0.01	0.06	0.00	0.00	0.00	0.00	0.07	0.00	0.06	0.00	0.01	0.31	0.08
7	2.893	0.00	0.01	0.00	0.04	0.01	0.01	0.00	0.00	0.00	0.02	0.03	0.24	0.00	0.00	0.00	0.00	0.00	0.00	0.01	0.27	0.00	0.02	0.08

续上表

维数	条件指数	方差分解比例																					
		常量	X_1	X_2	X_3	X_4	X_5	X_6	X_7	X_8	X_9	X_{10}	X_{11}	X_{12}	X_{13}	X_{14}	X_{15}	X_{16}	X_{17}	X_{18}	X_{19}	X_{20}	X_{21}	X_{22}
8	2.937	0.00	0.00	0.00	0.02	0.02	0.00	0.00	0.00	0.00	0.00	0.03	0.33	0.00	0.00	0.00	0.00	0.00	0.00	0.00	0.34	0.03	0.03	0.01
9	3.059	0.00	0.00	0.00	0.03	0.00	0.00	0.00	0.00	0.00	0.02	0.00	0.00	0.00	0.00	0.00	0.00	0.08	0.01	0.15	0.00	0.07	0.27	0.06
10	3.331	0.00	0.00	0.00	0.22	0.07	0.38	0.01	0.00	0.00	0.11	0.00	0.02	0.00	0.00	0.01	0.00	0.03	0.00	0.01	0.00	0.00	0.04	0.00
11	3.378	0.00	0.00	0.00	0.05	0.02	0.10	0.01	0.01	0.00	0.21	0.00	0.05	0.00	0.00	0.00	0.00	0.16	0.07	0.07	0.04	0.00	0.00	0.00
12	3.672	0.00	0.08	0.00	0.09	0.13	0.00	0.01	0.00	0.00	0.01	0.47	0.18	0.00	0.00	0.03	0.00	0.03	0.00	0.00	0.00	0.00	0.00	0.02
13	3.889	0.00	0.05	0.00	0.32	0.26	0.00	0.01	0.00	0.00	0.03	0.31	0.03	0.00	0.00	0.00	0.01	0.00	0.01	0.02	0.00	0.01	0.01	0.00
14	4.216	0.00	0.57	0.00	0.05	0.17	0.03	0.00	0.00	0.00	0.02	0.08	0.00	0.00	0.00	0.06	0.01	0.06	0.00	0.00	0.00	0.01	0.01	0.13
15	4.593	0.00	0.06	0.00	0.00	0.11	0.05	0.19	0.05	0.00	0.01	0.00	0.00	0.02	0.00	0.44	0.03	0.00	0.00	0.00	0.00	0.03	0.00	0.02
16	4.677	0.00	0.03	0.00	0.00	0.03	0.15	0.18	0.25	0.00	0.00	0.01	0.00	0.01	0.00	0.09	0.01	0.00	0.01	0.00	0.05	0.23	0.13	0.03
17	4.867	0.00	0.05	0.00	0.00	0.04	0.07	0.29	0.20	0.00	0.02	0.02	0.00	0.01	0.00	0.19	0.00	0.02	0.00	0.00	0.05	0.20	0.04	0.04
18	5.916	0.00	0.03	0.01	0.00	0.01	0.00	0.00	0.33	0.01	0.12	0.00	0.00	0.08	0.00	0.00	0.17	0.01	0.00	0.04	0.13	0.28	0.10	0.29
19	6.308	0.00	0.00	0.00	0.00	0.00	0.00	0.06	0.03	0.00	0.05	0.00	0.00	0.00	0.00	0.00	0.18	0.36	0.61	0.44	0.00	0.00	0.00	0.01
20	6.485	0.00	0.00	0.00	0.00	0.00	0.00	0.06	0.00	0.00	0.03	0.00	0.00	0.65	0.00	0.04	0.21	0.03	0.10	0.03	0.00	0.00	0.00	0.00
21	9.355	0.02	0.00	0.00	0.01	0.00	0.01	0.00	0.04	0.00	0.01	0.00	0.00	0.10	0.55	0.02	0.33	0.03	0.05	0.02	0.03	0.04	0.01	0.05
22	13.712	0.00	0.00	0.95	0.00	0.00	0.00	0.00	0.02	0.95	0.01	0.00	0.00	0.00	0.00	0.00	0.00	0.01	0.01	0.01	0.00	0.00	0.00	0.00
23	18.155	0.98	0.00	0.01	0.00	0.05	0.00	0.14	0.02	0.01	0.04	0.01	0.00	0.11	0.43	0.10	0.03	0.01	0.08	0.05	0.00	0.01	0.00	0.03

注：各变量指代：X_1—硕士；X_2—专科；X_3—高收入家庭；X_4—低收入家庭；X_5—家庭社会联系较广泛；X_6—家庭社会联系较少；X_7—985 和 211 重点院校；X_8—高职高专院校；X_9—民办院校与独立学院；X_{10}—学习成绩前 25%；X_{11}—学习成绩后 25%；X_{12}—获外语类证书；X_{13}—父母平均受教育年限；X_{14}—男性；X_{15}—城镇生源；X_{16}—京津沪就业；X_{17}—东部地区就业；X_{18}—西部地区就业；X_{19}—国家机关；X_{20}—国有企业；X_{21}—三资企业；X_{22}—事业单位。

附表 8　分单位性质的工作机会获得率回归结果

变　量	国家机关		国有企业		私营企业		三资企业		事业单位	
	系数	标准误	系数	标准误	系数	标准误	系数	标准误	系数	标准误
亲友途径使用强度	0.251	0.193	0.125**	0.050	0.238***	0.054	0.095	0.089	0.088	0.083
父母平均受教育年限	0.898	0.994	0.539**	0.255	0.338	0.267	−0.234	0.505	0.028	0.463
高收入家庭	5.696	7.580	2.975	2.412	−1.877	2.682	−1.694	4.446	6.993	4.778
低收入家庭	−0.597	6.926	2.980	1.864	−3.407*	1.750	−3.352	3.418	−4.391	3.102
家庭社会联系较广泛	0.834	7.574	6.224**	2.610	−2.848	2.746	9.863*	5.252	−0.534	4.809
家庭社会联系较少	−11.358*	6.828	−0.706	1.913	−5.688***	1.787	0.561	3.438	−4.793	3.167
硕　士	−26.181***	8.305	−15.044***	2.366	−15.004***	3.798	−5.951	4.886	−5.869*	3.239
专　科	−9.286	21.768	8.399	6.576	14.701***	4.356	13.018	25.817	−5.578	13.328
985 和 211 重点院校	−1.529	7.385	−9.578***	1.919	−3.497	2.344	−6.241	3.801	−13.708***	3.425
高职高专院校	31.016	24.067	6.983	7.007	9.202**	4.598	13.584	26.072	28.811**	13.799
民办院校与独立学院	−26.228	15.926	−1.328	5.059	3.954	3.242	−7.453	6.801	4.368	7.225
学习成绩前 25%	8.112	5.943	4.230**	1.719	5.516***	1.666	8.838***	3.150	−2.318	2.993
学习成绩后 25%	29.394*	15.669	−2.335	3.332	−1.303	4.559	−3.283	6.465	4.992	8.229
获外语类证书	1.847	8.065	−3.368	2.097	−4.558**	1.814	−6.782	4.367	−0.899	3.976
男　性	16.039***	5.665	8.665***	1.760	2.862*	1.643	5.450*	3.059	5.717**	2.847
城镇生源	−10.387	9.527	1.132	2.108	−1.566	1.849	8.397**	3.901	0.658	3.556

续上表

变　量	国家机关		国有企业		私营企业		三资企业		事业单位	
	系　数	标准误	系　数	标准误	系　数	标准误	系　数	标准误	系　数	标准误
京津沪就业	10.412	9.518	0.602	2.907	-0.203	3.169	-1.861	5.171	-10.374**	4.788
东部地区就业	-4.485	8.331	-2.694	2.199	0.959	2.058	-1.285	4.254	-7.103**	3.406
西部地区就业	4.053	8.532	-1.301	2.345	9.666***	2.737	-2.489	5.691	-2.082	4.477
截距项	31.077*	17.173	28.166***	5.235	27.495***	4.906	29.664***	9.832	48.948***	8.354

注：1. 被解释变量为“工作机会获得率”；2. *，**，***分别代表显著性水平为0.1、0.05和0.01。

附表9　分单位性质的起薪回归结果

变　量	国家机关		国有企业		私营企业		三资企业		事业单位	
	系　数	标准误	系　数	标准误	系　数	标准误	系　数	标准误	系　数	标准误
亲友途径	-0.083	0.069	-0.062**	0.030	-0.025	0.021	-0.023	0.055	-0.055	0.048
父母平均受教育年限	-0.004	0.013	0.004	0.004	-0.002	0.004	0.010	0.008	-0.001	0.008
高收入家庭	0.101	0.072	0.125***	0.030	0.057**	0.029	0.086	0.053	0.001	0.063
低收入家庭	0.007	0.065	-0.074***	0.023	-0.070***	0.019	-0.084**	0.039	-0.046	0.042
家庭社会联系较广泛	-0.002	0.135	-0.053	0.046	-0.088*	0.045	-0.007	0.091	-0.004	0.098
家庭社会联系较少	0.095	0.100	0.053	0.038	0.085**	0.036	-0.031	0.071	0.039	0.074
硕　士	0.203**	0.092	0.383***	0.034	0.500***	0.043	0.500***	0.062	0.311***	0.060
专　科	-0.523*	0.294	-0.349***	0.108	-0.392***	0.060	0.146	0.311	-0.308	0.201

续上表

变量	国家机关		国有企业		私营企业		三资企业		事业单位	
	系数	标准误	系数	标准误	系数	标准误	系数	标准误	系数	标准误
985 和 211 重点院校	0.202**	0.101	0.141***	0.032	0.151***	0.029	0.029	0.056	0.262***	0.059
高职高专院校	-0.125	0.237	-0.108	0.084	-0.043	0.051	-0.412	0.302	-0.082	0.181
民办院校与独立学院	-0.108	0.176	-0.095	0.068	-0.197***	0.037	-0.193**	0.082	-0.119	0.106
学习成绩前 25%	0.104*	0.057	0.056***	0.021	0.035**	0.018	0.074**	0.036	0.072*	0.040
学习成绩后 25%	-0.184	0.152	-0.030	0.041	-0.005	0.047	0.007	0.075	0.214*	0.111
获外语类证书	0.128	0.093	0.057*	0.031	0.076***	0.025	0.060	0.058	0.071	0.061
男性	0.065	0.054	0.072***	0.022	0.085***	0.018	0.033	0.035	0.077*	0.039
城镇生源	0.135	0.089	-0.009	0.026	-0.020	0.020	0.078*	0.045	-0.020	0.048
京津沪就业	0.291***	0.089	0.277***	0.035	0.321***	0.033	0.443***	0.059	0.372***	0.065
东部地区就业	0.174**	0.077	0.135***	0.027	0.068***	0.022	0.152***	0.049	0.136***	0.046
西部地区就业	-0.004	0.080	0.008	0.028	0.002	0.029	0.069	0.066	0.153**	0.060
倾向得分	1.809	1.490	0.825	0.551	0.943**	0.415	-0.542	0.977	1.308	1.114
截距项	7.217***	0.257	7.643***	0.097	7.648***	0.071	7.825***	0.172	7.416***	0.188

注：1. 被解释变量为“起薪（对数）”；2. *，**，***分别代表显著性水平为0.1、0.05和0.01。

后　　记

由于我本科和研究生期间就读的专业并非教育类别，仅仅凭借着对教育研究的兴趣，对理科专业背景的盲目信心，以及相信教育能够改善国计民生的美好信念，我冒失地报考了教育学院的教育经济学方向，好在岳昌君教授不弃，招我入门，悉心指教，方能略懂一二。在这里我要衷心感谢岳老师给我的机会和信任。

根据自己的能力，我从基础课学起，逐渐跟上了大家的步伐。丁小浩老师的博士生研究设计课让我第一次接触到教育经济学研究的设计过程；杨钋老师的教育经济学课程深入也深出，将专业理论介绍与国际实证研究热点结合；刘明兴老师的教育财政学课程生动活泼，从政治经济学角度介绍财政决策背后的逻辑，别开生面，极大地开阔了我们的思路和视角；王蓉老师的国家、政府与教育课程融贯古今内外，方法灵活。

阎凤桥老师、陈晓宇老师和丁延庆老师从我的综合考试到开题直到预答辩环节都有参加并提出宝贵意见。陈晓宇老师强调如何解释亲友途径对起薪的回归系数为负，这是论文中很有趣也很核心的结论，如果不能解释清楚则会让研究流于表面；丁延庆老师提出从是否回原籍就业来考察亲友途径的作用场域，给结果的解释提供了另一个分析角度；阎凤桥老师为我的理论基础部分提出了严谨的修改建议。丁小浩老师参加我的开题和预答辩环节，提出从时间趋势上考察求职途径的作用在这些年中的变化，与研究伊始的求职途径变化的时间趋势前后呼应，形成完整的讲述逻辑，起承转合，做到从整体上把握。郭建如老师在最初的理论建设中为我提供研究建议。在学术委员会之外，鲍威老师利用课余时间帮助我修改论文。杨钋老师在出国进修之前抽出时间帮我梳理论文。宋映泉老师对我的研究问题进行指点。文东茅老师在我需要引荐实习和推荐出国时给予了我莫大的帮助和支持。陈晓宇老师在从俄罗斯出差回来的早上，忍受着长途飞行和时差不适的疲倦对我进行思想指导。

康健老师在退休前的最后一任课程中不辞辛劳地带领我们参观学校，将智慧深沉的人生经验分享给我们；蒋凯老师在我们未能及时收到会议通知时与主办方协商沟通给我们时间准备材料，使我有机会在国际论坛中汇报论文；沈文钦老师在组织学术论坛和完成课题的过程中对我进行指导和帮助。

我的论文从一个小小的综合考试短文成长为如今的模样，像是吃百家饭的孩子逐渐健康长大，我要对老师们衷心地说一声感谢！

也要感谢学院的行政老师们，他们的工作保证了学院的顺利运转。感谢侯华伟老师和徐未欣老师小蜜蜂一样的勤劳细心。感谢周昭南老师、孙冰玉老师、葛长丽老师、马世妹老师和武心奉老师对博士生班级的照顾。

感谢密歇根大学的 Brian P. McCall 教授和哥伦比亚大学的 Henry M. Levin 教授，在我交流访学期间对我的照顾和指导；感谢 Zachary I. Barter，哈佛大学的博士生，帮助我修改论文的英文摘要。

感谢马莉萍师姐、由由师姐、梁彦师姐、刘妍师姐、李秀珍师姐、徐铁英师姐、石卫林师姐、秦琳师姐、范皑皑师姐、罗建平师姐、刘文娟师姐、王海迪师姐和吴燕蕾师姐，她们像师长一样指导我在学术中的问题，又像姐姐一样关心我的生活，与她们在一起的时光快乐美好，是我四年博士生活中灿烂的回忆；感谢曹星师兄、许申师兄、潘昆峰师兄和孙百才师兄给予我的帮助；感谢我的同学金鑫、王友航、刘子瑜和申超，他们已于去年毕业，如今在各自的工作岗位创造佳绩；感谢与我共同战斗学习过的同学杨素红、王嘉颖、江淑玲、毛丹、王征、蔺亚琼、周静、魏巍、单馨、吕媛和杨大伟，祝你们今后的生活和工作一切顺利；感谢我的两任室友，赵丽霞和刘静，容忍我的生活不规律和所有坏习惯；感谢师弟师妹，杨中超、陈昭志、张恺、孙钰、冯明、庞星星、唐韬、何畅、刘雨轩、李璐、李剑峰、张宸珲、刘钊、翁秋怡、王世岳和韩昕光，我从你们身上学习了优秀的品质并收获了美好的回忆。四年的博士生涯即将结束，但人生的道路仍漫长，愿与我相识的每一个人都工作顺利，心情愉快，身体健康。

再次感谢我的导师岳昌君教授，我会用“厚道”概括他的为人，用“豁达”形容他的性格，用“严谨”说明他对工作的态度，用“清醒”描述他对事物的判断。而这些优秀的品质，也是我这四年来希望从他身上学习到的，虽然我甚至没有学到他的万分之一，但至少我看到了前进的方向。

最后，感谢我的父母亲人，谢谢他们对我求学的支持，对我生活的照顾，以及对我诸多的包容。

2017 年 5 月 25 日

于畅春新园